ネオ・トランプ革命の衝撃

アメリカン・デモクラシーの終焉

半沢隆実

発行　南東舎
発売　柘植書房新社

「扇動政治家のひのき舞台は民主主義だ」

ジェームズ・フェニモア・クーパー（米作家　一七八九―一八五一年）

ネオ・トランプ革命の衝撃　目次

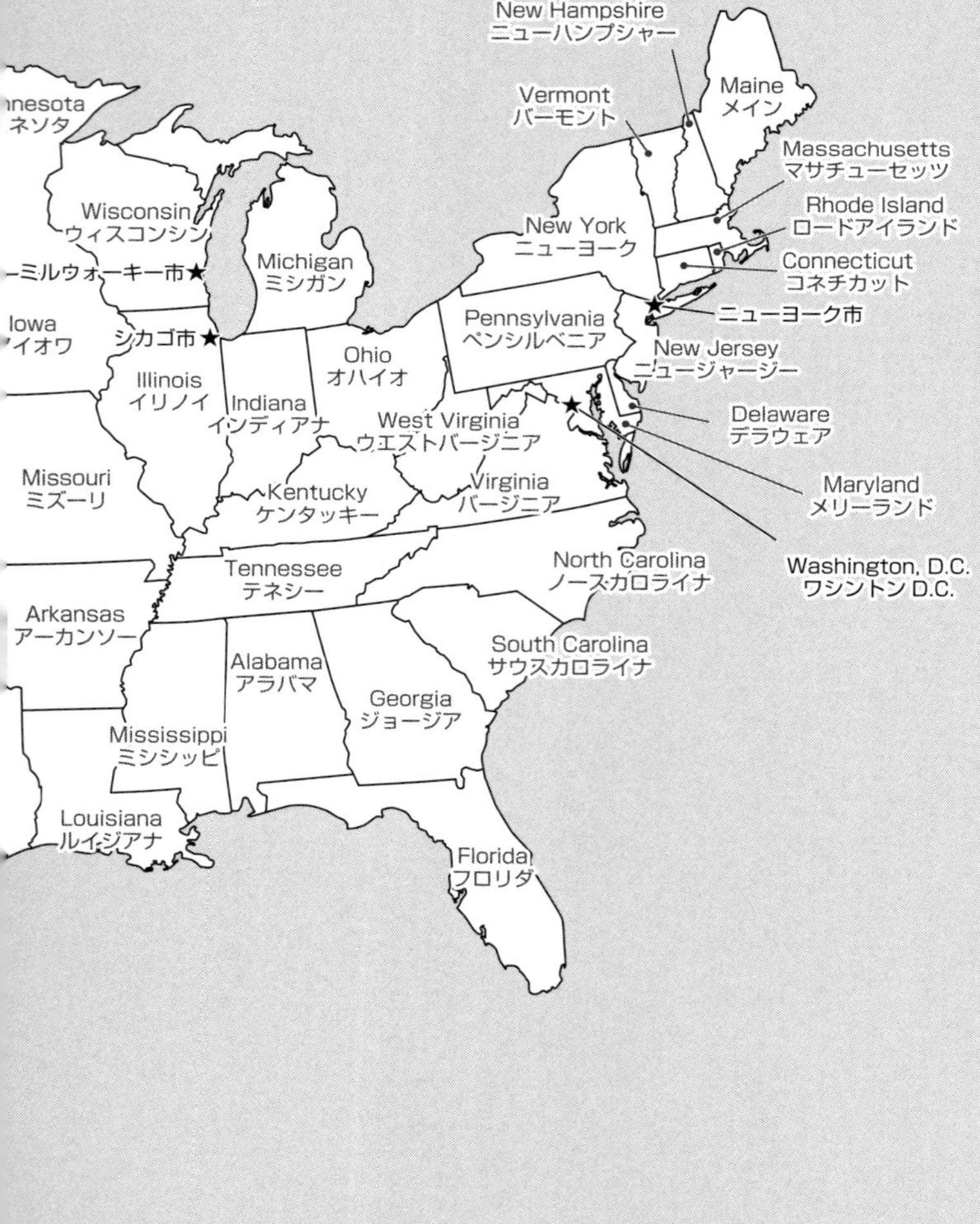
New Hampshire
ニューハンプシャー
Maine
メイン
Vermont
バーモント
nesota
ネソタ
Massachusetts
マサチューセッツ
Rhode Island
ロードアイランド
Wisconsin
ウィスコンシン
New York
ニューヨーク
Connecticut
コネチカット
ーミルウォーキー市
Michigan
ミシガン
ニューヨーク市
Iowa
イオワ
シカゴ市
Pennsylvania
ペンシルベニア
Ohio
オハイオ
New Jersey
ニュージャージー
Illinois
イリノイ
Indiana
インディアナ
West Virginia
ウエストバージニア
Delaware
デラウェア
Missouri
ミズーリ
Kentucky
ケンタッキー
Virginia
バージニア
Maryland
メリーランド
Tennessee
テネシー
North Carolina
ノースカロライナ
Washington, D.C.
ワシントン D.C.
Arkansas
アーカンソー
South Carolina
サウスカロライナ
Alabama
アラバマ
Georgia
ジョージア
Mississippi
ミシシッピ
Louisiana
ルイジアナ
Florida
フロリダ

アメリカ合衆国の各州と主要都市

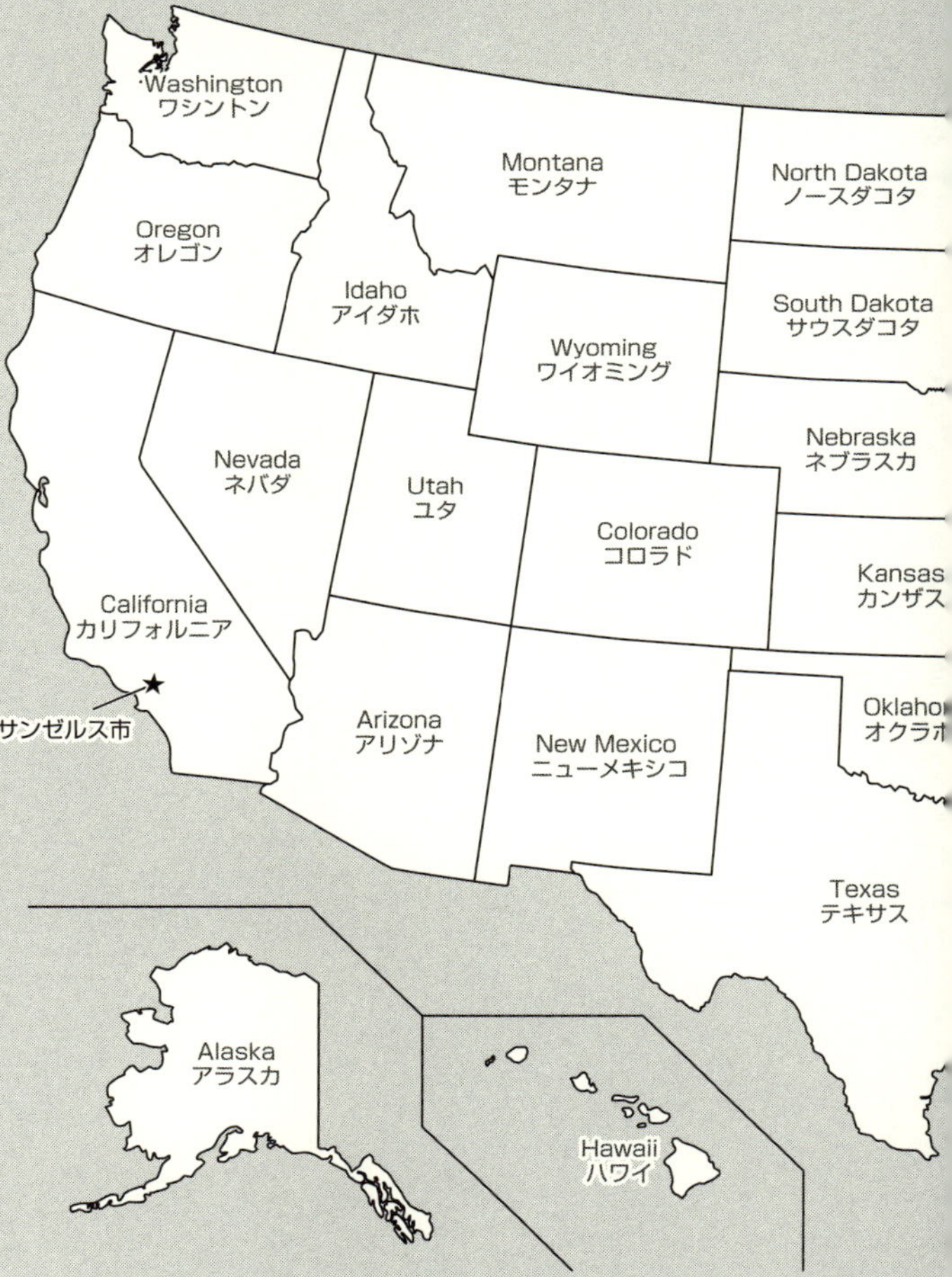

序章

革命の幕開け

新たな「トランプ革命」の幕開けを告げる衝撃的な勝利だった。

二〇二四年十一月五日投開票された米大統領選で、前大統領で七十八歳のドナルド・トランプ（共和党）が女性初の大統領を目指した六十歳のカマラ・ハリス副大統領（民主党）に圧勝した。

事前の世論調査では歴史的な接戦とみられていたが、いざふたを開けてみるとトランプの圧勝。ラストベルト（さびた工業地帯）を含む激戦の七州を全て制覇、全国の総得票数でも共和党候補としては〇四年大統領選のジョージ・ブッシュ（子）以来、二十年ぶりとなる勝利を収めるなど、ハリスを完膚なきまでにたたきのめした。

共和党は強大な権力を握る大統領職に加え、連邦議会の上院と下院を制した。赤をシンボルカラーとする共和党がホワイトハウス、上下院と米国の力の枢要三カ所を支配する「トリプルレッド」が実現したのだ。共和党の支持基盤である幅広い保守派が狂喜乱舞するのも無理はない。

第二次トランプ政権は、強力な移民規制や大幅減税などを推し進める構えだ。両議会を与党が握ったということは、法案可決が極めて容易で、議会対策に悩む必要はほぼなくなることを意味する。民主党陣営は「予想を超えた敗北に放心状態だった」（議会筋）。

首都ワシントンは投開票直前までは、トランプが敗北した場合支持者による暴動が予想され、巨大なコンクリート壁などが連邦議会周辺など要所に設置された。一部の商店のショッピングウインドウは、略奪防止用にベニヤ板が貼り付けられ、その周囲を武装警察官が歩き回るというものものしい雰囲気だった。

二〇二〇年の選挙後は、トランプが「民主党の大規模不正行為で勝利が盗まれた」と陰謀論を吹聴したために、首都周辺でトランプ支持派の大規模デモが何度も行われ、一触即発の緊張状態だった。その挙げ句の果てが二一年一月のワシントンの連邦議会議事堂襲撃事件であった。

今回は逆に結果がトランプの大勝利に終わったことで、一気に警戒が緩んだ。車両が突っ込む形のテロを防ぐためのコンクリ壁は次々に撤去され、警官の姿も急速に減った。現職大統領のジョー・バイデンが平和的な政権移行をいち早く宣言したこともあり、民主党支持者が大多数の首都は、脱力ムードの下で平静を取り戻した。

しかし、仮の平穏が嵐の前の静けさに過ぎないのは明らかだ。トランプの就任は二五年一月二〇日。それ以降、ワシントンや米国全体、さらには世界を覆うことになる変化は、かつて誰も体験したことがないレベルとなるはずだ。

「中国製品に六〇％の関税」「歴史上ない規模で移民を大量送還」「ウクライナ戦争は一日で終結」「（シェールガスを）掘って、掘って、掘りまくれ」

選挙キャンペーン中にトランプが放った数々の公約を振り返ると、米国が辿る極端な道筋が見えてくる。

「米国第一」を旗頭に、経済、貿易、軍事とあらゆる面で競争相手である中国をまずは貿易分野で

ハリス候補の敗北を受け入れられず、首都ワシントンで横断幕を掲げる人々

脅し、個人的な関係を利用してウクライナに侵攻したロシアの大統領ウラジミール・プーチンに話をつける。環境破壊への懸念や反対意見は振り払って石油・ガスなどエネルギー開発に猛進する。「トランプ時代2・0」に入った米国はこんな道を突き進む。

温室効果ガス排出量世界一は中国で、米国は二位だ。中国が電気自動車や再生可能エネルギー技術の革新を進めているのに、米国は温暖化否定路線を突き進む。就任後最初のトランプ外交の一つが、気候変動対策の国際的枠組み「パリ協定」の再離脱。世界規模で理想を実現するという米国の理想主義は失われた。理念と正義がトランプによって焦土化するだけではない。世界の森林、原野の焼け野原化が加速する恐れがある。

司法歪曲の第一歩

最も懸念され、米社会に修復不可能な傷をつけるとみられるのは、勢いに乗ったトランプが米国の正義を歪めてしまうことだ。

トランプは選挙期間中に、自身が起訴された二一年の議会襲撃事件や機密文書持ち出し事件を担当している特別検察官ジャック・スミスを「二秒でクビにする」と宣言した。

独立を旨とする特別検察官の任免は司法長官に委ねられているが、次期政権の司法長官に自分に忠実な人物を据え、「政治的な思惑に基づく不正な起訴だった」として、起訴取り下げを大統領権限で実現するのはそもそも確実だった。実際にトランプは、議会で最も熱心なトランプ派として知られる元下院議員、マット・ゲーツを司法長官に指名した。二〇年大統領選で「民主党の大規模不正があった」とことあるごとに陰謀論を展開。その忠誠心を高く評価された。予想を超えた問題起用には、共和党議員からも「ショックを受けた」と否定的な声が上がった。

ゲーツは一六年にトランプ人気にあやかる形で下院議員当選を果たしたが、未成年者との買春疑惑で下院の調査を受けていた。党内保守強硬派として知られ、二三年には予算審議を巡り共和党の下院議長に解任動議を突き付け、議会を大混乱させた米下院随一の「嫌われ者」だった。一七年のパーティで当時十七歳の女性と性交し、対価として金銭を支払った疑いが浮上した際、ある議員は米テレビ局に「彼に友達はいない。ゲーツは議場で前日に寝た女の写真を同僚に見せびらかすような男だ」と暴露した。

閣僚は共和党が多数派となった上院の過半数の賛成を経て承認される仕組みだが、かくも問題児のゲーツ指名を巡っては、造反議員が出て難航するとの観測もあった。それでもトランプは上院の休会中の任命を目指す考えだった。米憲法は政治任用に関して「助言と同意」という上院の役割を明記する。休会中の任命も認められているものの、欠員を避けるための規定であり、最初から迂回措置を選ぶのは議会軽視も甚だしい。

結局、共和党内でも急速に高まった圧力に屈したゲーツは指名からわずか八日で指名を辞退した。ゲーツはX（旧ツイッター）に「私の人事承認が政権移行という重要な仕事の妨げになるのは明らかだ。足の引っ張り合いに費やす時間はない」と自らの決断であるかのように体裁は整えたが、裏でトランプの判断があったことに疑いの余地はない。わずかではあるが、トランプ2・0船出を前の座礁事件ではあった。

そんな騒ぎの裏で、議会襲撃事件の捜査を指揮していた特別検察官スミスは、ひっそりとワシントンの連邦地裁に起訴の取り下げを申請した。現職大統領を起訴できないとする司法省の判断に基づく措置で、連邦地裁判事は取り下げを認めた。民主主義の根幹を揺るがした前代未聞の事件はトランプの大統領返り咲きを受け、一度も公判が開かれないまま終結した。ゲーツ問題で妥協は余儀なくされたものの、司法との戦いも、就任前からトランプの圧勝に終わった。

そして一月二〇日の就任初日、トランプは早速、司法制度が支える正義の破壊に取り掛かった。

襲撃事件で逮捕、収監などの刑罰を受けた約一五〇〇人に対し、恩赦を与える大統領令に署名。事件で訴追されたほぼ全員が該当し、全面的な無罪放免の措置だ。しかも扇動共謀罪などに問われた極右団体オースキーパーズの創設者スチュワート・ローズや、極右組織プラウド・ボーイズの元リーダー、エンリケ・タリオが大手を振って出所したのだ。

ローズへの量刑は禁錮一八年、タリオは禁錮二二年だった。これだけの長い刑期が短縮され自由を得た彼らが、恩義を感じるトランプの私兵化するのは必至だ。そしてどんな犯罪を犯そうと最高権力者の寵愛さえ得れば、許されるという前例がつくられたのだった。

これらの粗暴犯を社会に戻す判断には、強い反発があり、恩赦無効の訴訟も起きるだろうが、どうすることもできまい。合衆国憲法は、「大統領は、弾劾の場合を除き、合衆国に対する犯罪について、刑の執行停止または恩赦をする権限を有する」と明確に規定しているからだ。トランプが手にした権力はそれほど強大なのだ。

権力の白紙小切手

トランプへの起訴取り下げや粗暴犯恩赦は序の口に過ぎない。今の米国はトランプの暴走に対する抑止力を失ってしまった。

現状を端的に示すのが、連邦最高裁の保守化だ。

トランプは、第一次政権で、最高裁の判事九人のうち六人を保守化することに成功している。最高裁は銃保持の権利や人工妊娠中絶など国論を二分するような議論の是非について最終的な決着を付ける存在だ。

その最高裁判事は終身制で、高齢や健康状態を理由に自ら引退するか、死亡する以外に交代の機会は実質的にない。判事交代は数年に一度起きる希な出来事であり、どちら側の判事を選ぶかは、時の政権が鍵を握るが、世論や上院での承認手続きを巡る両派がせめぎ合い、重要テーマでは数万人単位のデモを各地で賛否両派が展開するなど、壮大なスケールの対決が繰り広げられる。

トランプは従来の大統領とはまったく違う。幾度となく「独裁」を容認する発言をし、側近らの証言によれば、在任時にナチス・ドイツの独裁者ヒトラーに興味を示した。実際に、副大統領J・D・バンスですら、トランプを「米国のヒトラー」と酷評した時期があった。トランプがプーチンを称賛するのも、彼のロシア型統治の強権に対する憧憬があるとみていい。

不動産王として社内で絶対権力を振るうことで成功を掴んできたトランプにとって、プーチンは批判の対象ではなく、憧れ模倣する対象なのだ。

折も折、最高裁は選挙を四カ月後に控えた七月、議会襲撃事件を巡る審理で、トランプに関して在任中の行為は公務であれば免責特権が適用されるとの判断を下した。

保守派の最高裁長官ジョン・ロバーツは大統領の公務に対する広範な免責は「行政府の独立」を守るために必要だと指摘した。これに対して、リベラル派の判事ソニア・ソトマイヨールは「大統領が法の上に立つ王様になってしまった」と反対意見で懸念を示した。

ロバーツはトランプ政権時代の一八年、最高裁の役割とホワイトハウスの関係について、歴代大統領の名前を挙げながらこう語っていた。「オバマの裁判官もトランプの裁判官も、ブッシュの裁判官もクリントンの裁判官もいない。私たちは、人々に等しく正しいことをするために全力を尽くしている、並外れた献身的な裁判官のグループなのです」

（共和党の）赤い州も（民主党の）青い州も関係なくアメリカ合衆国があるだけだ、と演説したオバマ元大統領をほうふつとさせる分断修復のメッセージだった。しかしそのロバーツが、よりによってトランプに〝権力の白紙小切手〟を渡してしまった。リベラル支持の国民が受けた衝撃と危機感は計り知れない。

ホワイトハウスと連邦議会の上下院を制したトリプルレッドに加え、盤石の保守化最高裁に守られたトランプ。強権指向の指導者を抑止する米国の制度は極めて脆弱な状態にある。独裁や権力の集中をなにより恐れ、世界に先駆けた民主的な憲法を誇りとした米国を、〝トランプ革命〟が変えようとしている。

米国の〝抵抗力〟を図るに当たってもう一つ気になることがある。これまで述べた議会や司法など公的制度の実態だけでなく、本来政治から自由であるべきビジネス、特に先端ＩＴ企業すらトランプにおもねっていることだ。

連邦議会議事堂で開かれた就任式には、メタの最高経営責任者（ＣＥＯ）マーク・ザッカーバーグやグーグルのCEOスンダー・ピチャイ、アマゾン・コム創業者のジェフ・ベゾスらIT大手トップがそろった。

メタは交流サイト（SNS）のフェイスブックとインスタグラムで、第三者による投稿内容のファクトチェック制度を米国で廃止すると発表ばかりだった。投稿管理に批判的なトランプへの配慮は明らかで、投稿の自由度が高まる一方、偽情報や過激な表現が増えるのは確実。米紙ワシントン・ポストのオーナーであるベゾスは、大統領選を前に同紙の民主党支持を取りやめさせて物議を醸した。

これらIT長者がすり寄る理由はただ一つ。トランプ政権による批判と規制の標的になることを回避するためだ。トランプの盟友で、新組織「政府効率化省」のトップに収まった実業家イーロン・マスクにいたっては、権力と一体化してしまった。

ジョー・バイデンは大統領として最後の国民向け演説でこう述べた。

「数少ない富豪に権力が危険なほど集中している。権力の横暴を監視しなければ危険だ」

バイデンは、富豪たちをロシアのそれと同様に「オリガルヒ」と呼んだ。

下からも「国を変える」

二〇一五年六月十六日、共同通信ワシントン支局は次のような短い記事を配信した。新聞の片隅に載ることを想定したいわゆる「ベタ記事」である。

トランプ氏も出馬表明

共和党十二人目

【ワシントン共同】米国の不動産王ドナルド・トランプ氏（六九）が十六日、来年の米大統領選への出馬を表明した。共和党の指名争いに参加する。同党の出馬表明は十二人目。

トランプ氏はタレントとしても活動し、国民の知名度は高い。自らの名前を冠したニューヨークの高層ビル「トランプタワー」で出馬表明したトランプ氏は「わが国は偉大な指導者を必要としている」と訴えた。

トランプ氏は前回大統領選でも一時出馬に意欲を示した。オバマ大統領について外国生まれで大統領資格がないと主張して話題を集めたが、オバマ氏が出生に関する書類を公表した後、勢いを失い、出馬には至らなかった。

たったこれだけだ。これを書いた記者のニュース判断が間違いだとは思わない。不動産王タレント。カネと女を追い回すお騒がせ人物が、ニューヨーク州議会の議員レベルならいざしらず、よりによって大統領選に打って出るなど、当時は笑い話でしかなかった。この泡沫候補がその後巻き起こす変革に気付く人はほとんどいなかったのだ。

それから十年足らずの間に、トランプは共和党内の良識派をほぼ駆逐し、党を完全にトランプ党に変えた。

その過程は後述するが、ここでは共和党が仕掛ける草の根の変革に触れておきたい。

筆者は二三年二月、ワシントン郊外で開かれた保守政治行動会議（CPAC）年次総会を取材した。CPAC年次総会は長年、保守派の重鎮の声を聞くだけでなく、次世代の共和党スター候補に支持を広げる場を提供してきた年に一度の祭典だ。

その際は、新型コロナウイルスを「中国の生物兵器」と呼ぶ元側近で保守派ポッドキャスト番組を運営するスティーブ・バノンや、二〇年大統領選での陰謀論を展開するTVキャスター、キャリ・レークらが三千人は収容できそうなメイン会場のステージに立ち、全米メディアの注目を浴びていた。

筆者が注目したのは、そんなメイン会場から離れた一角でひっそり行われていた「就活セミナー」であった。

巨大なメイン会場と違って百人も入れば一杯になってしまいそうな部屋は参加者と熱気であふれていた。マイクを握る司会者が語ったのは「どうしたら公務員になれるのか」だった。

米国各地の政府や地方自治体、選挙管理委員会、教育委員会などの職を得るためにはどうすればよいかなどをテーマに、講師が参加者らを前に熱心に説明した。

講師は「行政の隅々まで共和党員が押さえる必要がある」と強調、採用応募に求められるレジュメの作成法や面接のコツなどを説いた。参加者も真剣そのもので、具体的な自治体名を挙げて、対応の仕方を聞くなどしていた。星条旗をあしらったデザインのシャツや、「米国を再び偉大に（Make

America Great Again)」というスローガンから「MAGA（マガ）」の文字を刺繍した赤い帽子のトランプ支持者らが議論を交わしていた。

創造論を取り戻せ

米国の分断は、最高裁のような最上部だけでなく、日々の暮らしの隅々そして頭の中にまで対立を浸透させている。一例が教科書だ。日本では科学の教科書などで当然記述される進化論は、聖書をすべて言葉通りに解釈しようとする福音派など、キリスト教右派の人々にとっては、まったく受け入れがたい。

彼らは旧約聖書に記されているように神が人間を創造したのであって、サルが人間になったのではないと主張する。一方でリベラルを含む一般の人々にとっては、教科書はあくまで科学を元にして知識を子どもたちに正確に伝える基礎部分でなくてはならない。

米国では日本のような教科書検定制度がないため、具体的にどんな教科書を採用するかは、州や学区の教育委員会に委ねられている。そこでの決定機関の中に保守派が多くいれば、当然、教科書選定のプロセスを牛耳ることが容易になるという考え方だ。ＬＧＢＴＱなど性的少数者の在り方をめぐる教育内容についても同様だ。

子どもの自然現象に関する考え方を含め、小中学校で受ける教育は、人格形成に極めて深い影響を残す。華やかな保守政治行動会議（ＣＰＡＣ）の片隅で、熱心に就活セミナーに臨んでいた人々は、米国人の人格形成を初期段階から、保守的な考え方で染め上げようとしている。

別の例が選挙管理委員会だ。投票所や、期日前投票の投票箱をどこにするかなど細かい取り決めをする選挙管理委員会は、選挙の実施細則を取り仕切る。結果共和党に有利か、民主党に有利か（低所得者が多い地域に投票所が多ければ、民主党支持者がより投票しやすくなるというおおまかな傾向がある）などを左右しかねない。

米国を人体に見立てれば、首都ワシントンは頭脳、経済都市ニューヨークが心臓、巨大企業が集まるテキサスやカリフォルニアは筋肉質の肢体のような部位になるだろうか。人体を構成する細胞を入れ替えてしまえば、米国の姿は半永久的に変わる。派手な舞台演出が目立つトランプ劇場の裏側では、保守派によるこうした地味ではあるが確実な変革の試みが着々と進んでいる。

残る傷跡

選挙期間を通じて強烈なポピュリストぶりを発揮したトランプが残した傷は大きい。特に後半に入ってトランプが力を入れたのが不法移民叩きだった。

トランプの副大統領候補でオハイオ州選出の上院議員Ｊ・Ｄ・バンスが中西部オハイオ州スプリングフィールド市で「ハイチからの不法移民がイヌやネコを食べている」とＸ（旧ツイッター）に投稿。

トランプは、六千五百万人以上が視聴した二〇二三年九月の大統領候補討論会で同じ主張を繰り返した。実際には事実無根であったが、一気に拡散しトランプは撤回を拒否した。

これ以外にも、西部コロラド州オーロラ市で集会を開き、同市がベネズエラから来た不法移民に乗っ取られていると主張した。「彼らは第三世界の刑務所や精神科病院から来た」と訴え、大統領に返り咲けば就任と同時に強制送還すると約束した。

こうした移民叩きは、トランプの岩盤支持層を固めただけでなく、合法的に米国に住む中南米系の有権者にも一定のアピール効果があったとみられる。合法的に米国にいる人々は、同じ中南米系でも後から違法に流入する労働者と同一視されることを嫌うからだ。

しかし、移民排斥は人種差別と紙一重でもある。岩盤支持層には白人至上主義者も少なくない。米メディアによれば、トランプの当選が決まって以降、「綿花農場に集まれ」などと奴隷労働を想起させる中傷や差別のメッセージが黒人の携帯電話に届くなどの嫌がらせが急増した。

全米黒人地位向上協会（ＮＡＡＣＰ）は「歴史的に憎しみを受け入れ、時には助長してきた大統領を選んだという残念な現実が、私たちの目の前で繰り広げられている。これらのメッセージは、全米の人種差別グループによる卑劣で忌まわしい暴言の憂慮すべき増加を表している」とトランプの政治手法を批判した。

ニューヨークの不動産業で培った誇大主張とはったり、虚偽を武器とするトランプ・ポピュリズムは始まったばかりだ。そんな人物に対し米国民はついに総得票数でも軍配を上げた。そこに死角はないのか。実は今日の米国が直面する危うさを二世紀近く前に見抜いていた人物がいた。

フランスの政治思想家にして外交官でもあったアレクシ・ド・トクヴィルだ。トクヴィルは一八三一年、行政制度視察のため、ジャクソン大統領下の米国を約九カ月にわたって旅行、様々な考察を「アメリカにおけるデモクラシーについて」という書物にまとめた。米国式民主主義の可能性と危うさを鋭く見つめた彼は、こう記している。

「合衆国において多数派は巨大な力を事実上持ち、これに劣らぬ大きな力を世論として持っている。一つの問題に関して多数がいったん形成されると、その行く手に障碍というべきものは何もない。(中略)このような事態から生まれる諸結果は、将来にとって不吉で危険である」(邦訳・岩永健吉郎、中公クラシックス)

アレクシ・ド・トクヴィル

一七七六年の独立宣言から半世紀が過ぎた程度の新しい活気に満ちた国の将来が、民主主義そのものによって危機に陥る可能性を指摘したトクヴィルの慧眼には圧倒される。世界に対する民主主義の指導的立場を自認しながら、米国はトランプ登場で明らかに変わり始めている。

筆者が四年以上、目撃してきた危険な兆候を報告したい。

第一章　共和党のカルト集団化

勝敗分けた銃弾

振り返るとトランプの勝利は、あの日に決まっていた気がする。

選挙をさかのぼること約四カ月の七月十三日、東部ペンシルベニア州バトラーは、トランプの選挙集会を前に異様な熱気に包まれていた。

十九世紀初頭、ドイツ系移民が移住して開拓されたバトラーは、かつて全米で有数の製造業が栄えた地でもあった。ラストベルト（さびた工業地帯）の典型で、現在は見る影もなく衰退している。トランプはそうした場所を好んで集会に使う。住民たちは生活現状に対する強烈な不満を抱えている上、トランプ集会そのものが退屈した日常に輝きを与えるエンターテイメントだからだ。鬱屈するエネルギーの爆発は、集会の熱気となって支持者らをさらに盛り上げる。

筆者は二日後に予定されていた共和党大会を取材するため、中西部ウィスコンシン州ミルウォーキーに入り、バトラー集会の生中継をモニターしていた。

巨大な屋外イベント会場に設置されたステージにトランプが登壇、いつものだみ声で、大勢の支持者を前にトランプ節を披露し始めた。

経済について語る壇上のトランプが自分の右方向に顔を向けた時だった。

「パン」「パン」と乾いた音が響き、トランプが顔の右側に手をやったかと思うと、トランプの姿は崩れるように画面から消えた。

直後、明らかな銃声が続いた。そして消えたままのトランプ。そして頭に手をやったことから判断すれば、彼はもう二度と立ち上がることはないだろう。テレビで中継を見ていた筆者はそう思った。ところが、彼は力強く立ち上がった。耳から血を流しながら拳を高く掲げたかと思うと、駆け付けた大統領警護隊（シークレットサービス、トランプは現職大統領ではないが経験者として警護対象となる）の制止を振り切って「ファイト」「ファイト」と聴衆に向けて叫ぶ。トレードマークの赤い帽子は脱げ、白髪は乱れていたが、力強い視線を支持者に送り、どこかにいるはずの狙撃犯に対し不屈の闘志を見せつけた。

筆者は米国の社会と政治を分断し続けるトランプの手法には批判的な立場だが、この時の行動は見事と言うしかない。瞬時に状況を理解し最大限に利用する、その政治的運動神経には感銘すら覚えた。その度胸にも感服せざるを得ない。銃が社会の隅々に行き渡る米国（銃の数は人口約三億二千五百万より多いと推定される）では、しばしば数十人単位で犠牲者を伴う規模の乱射事件が起きており、数発の銃撃で終わる保証はどこにもなかった。だからこそ警護隊員は一秒でも早くトランプを防弾車両に誘導、退避させようとしたのだ。

大統領選の勝敗は決まった——。だれもがそう思った。

八十一歳で再選を目指していた前大統領ジョー・バイデンは、民主党の候補指名が確実となっていたが、六月二十七日に行われたトランプとの討論会で声がかすれたり、言いよどんだりする場面が目立ち、精彩を欠いた。民主党関係者は討論会を「壊滅的な敗北」と評し、パニック状態に陥った。

トランプ暗殺未遂事件はそれから約半月ほどで起きた。命の脅威にさらされながら、トランプは〝強いリーダー〟であることを世界中に示した。さらに犯人や犯行の目的がなんであれ、銃弾が耳を負傷させただけで済んだのは、ミラクル（奇跡）であった。米国の場合、「ミラクル」は一般に神が起こした奇跡という意味合いがより強まる。

討論会で高齢不安が隠しきれなくなっていたバイデンは、民主党内で沸き上がった撤退圧力を前に、ダメージコントロールのためにＡＢＣテレビとのインタビューに臨む。

「私は二つのことを確信している。私はトランプを打ち負かすのに最もふさわしい人間であり、物事を成し遂げる方法を知っている」と語るバイデンに司会者は聞いた。

「トランプに勝てないと確信したら、選挙から撤退しますか」

バイデンはこう答えていた。「全知全能の主が降りてきて、私にそうおっしゃるのであれば、そうするかもしれません」

敬虔なカトリックとして知られるバイデンは、トランプの頭をミリ単位で避けたライフル弾の弾道に、まさに「神の意思」を読み取っていたのではなかろうか。

保守的なキリスト教福音派からは当然ながら、未遂に終わったのは「神の意思だ」との祝福の大歓声が上がった。常日頃、トランプに辛辣な批判を向けるＣＮＮやＮＢＣなど主要メディアのキャスターたちも、トランプの無事を不自然に抑揚のない声で歓迎せざるを得なかった。

早くも祝勝ムード

共和党の大統領候補を正式指名する共和党大会は、主役であるトランプの負傷で一時は開催も危ぶまれたが、軽傷であることがわかり七月十五日に予定通り始まった。会場となったのは、ウィスコンシン州ミルウォーキー中心部にある巨大なコンベンションセンターの複合施設。ここに四日間の大会期間中約五万人の共和党員が集結した。暗殺未遂事件を受けて、ウィスコンシン州やシークレットサービスは急きょ厳重な警戒網を都市全体に敷いた。

広大な規制エリアは端から端まで歩くと三〇分以上かかるが、全体を高いフェンスに囲まれて、出入りする際のボディーチェックは空港並み。筆者が「まるでフライト搭乗前みたいだね」と言うと、金属探知機のそばにいた兵士は唇の端をわずかに上げ、無言で笑った。

こうした物々しさとは裏腹に、敷地内に一歩入るとそこは、お祭りであった。メイン会場の巨大なスポーツスタジアムの中や周辺にはいくつものレストランやバーがあり、参加者らが地元産ビールや食事で英気を養っていた。

政治集会というよりパーティを楽しむ共和党員らは、だれもが勝利を確信しているように見えた。政治家としてのタフさと神の与えた奇跡という二つの看板を背負ったトランプはもはや無敵、党員らはバイデンのことなど眼中にない様子だった。

指名手続きとは別に、この大会が残した歴史的意義は、共和党が完全にトランプ党と化したことだ。

二〇二四年七月十五日の共和党大会に集まった人々

トランプが初めて出馬し党の候補指名を受けた二〇一六年の大会では、まだ異論や議論の余地があった。一部の代議員がトランプの指名阻止を目指して議事が混乱、怒号が飛び交い水を差す場面もあった。女性蔑視や人種差別発言が暴露されたトランプへの反発から、党有力者が相次ぎ不参加を表明する異例の大会となる。

対照的に二四年大会は「トランプは強い」「米国を再び偉大に」と叫ぶ単調なスローガンが耳に残るばかり。そして熱狂と裏腹に、ある種の静けさも漂っていた。強硬な宗教保守派にとっては絶対に譲れないはずの人工妊娠中絶問題でトランプは、全米一律の中絶禁止の方向には踏み出さず、各州が個別の事情に鑑みて判断する綱領をまとめるにとどめた。

党穏健派や無党派層の支持を意識した妥協案的な綱領だったため、保守派がなんらかの反対表明をするのではないかとの観測もあった。しかし指名手続きは大会初日、トラブルもなく淡々と終了した。

暗殺未遂事件をまねた事件（コピーキャット）が発生するのを防ぐため、ミルウォーキーには周辺州から集められた警察官らが増員配備されたこともあり、デモや集会も極めて限定的だった。会場近くの小さな公園で行われた人権派の集会はたった一日、短時間で終わり、参加者より警官隊の姿の方が目立つあり様だった。

さまざまな立場の人々が意見を戦わせる百家争鳴こそが米国型民主主義の原点ではなかったのか。そんな疑問を抱えつつ広大な共和党大会会場を四日間さまよい、人々の声に耳を傾けたがついにトランプ批判は聞くことができなかった。何かしら不満がありそうな党員も周囲に目配せをして、こっそり肩をすぼめるのがやっとであった。

トランプは、ホワイトハウスの主であった当時から周囲には服従を求め、意見がそぐわない者は疎外した。自分への批判を公にした人物や勢力には、徹底した報復に出る。選挙区で落選キャンペーンを張ったり、極右のトランプ支持者らが暴力的な脅迫行為に走ったりするのを承知で、反対派をソーシャルメディアで標的にするやり方で知られてきた。

そうしてついに党内には異を唱える者がいなくなった。トランプは二〇二〇年の前回選挙でバイデンに敗北しながら「民主党の不正で選挙が盗まれた」との陰謀論を主張。これに同意しなかった前副大統領のマイク・ペンスは、集会に招かれなかった。また数少ない批判の急先鋒であり、大統領候

【正誤表】39頁にミスがありました。正しい文章の流れは、こちらです。

補指名を争った元国連大使ニッキ・ヘイリーが「トランプ氏を強力に支持する」と屈服を表明。同様に一時はポスト・トランプとさえ目されたフロリダ州知事ロン・デサンティスも登壇し、トランプを称揚した。登壇者からも、会場に集まった党員からもトランプに対する反対意見はなかった。

そんな中、奇妙なカルト現象として注目を集めたのが〝ガーゼ軍団〟だ。暗殺未遂事件で右耳を撃たれて負傷し白いガーゼを当てたトランプの姿がテレビニュースなどで報じられると、会場内では同じ格好をした共和党員が登場。会場の一角をガーゼ軍団が占める一幕もあった。

銃撃で負傷したトランプ大統領を真似て耳にガーゼを当てる男性

この他にも議会襲撃事件で逮捕された暴徒らをバイデン政権の抑圧によって投獄された「無実の政治犯」と位置付ける、トランプの陰謀論に共鳴するTシャツを着た男性、そしてお決まりのフレーズ「Make America Great Again（米国を再び偉大にする）」とのスローガンの頭文字「MAGA（マガ）」と書かれた赤い帽子の群れ。国内のリベラル派や中国など米国の敵と保守派が見なす勢力と勇ましく

銃撃で負傷したトランプ大統領を真似て耳にガーゼを当てる男性

補指名を争った元国連大使ニッキ・ヘイリーが「トランプ氏を強力に支持する」と屈服を表明。同様に一時はポスト・トランプとさえ目されたフロリダ州知事ロン・デサンティスも登壇し、トランプを称揚した。登壇者からも、会場に集まった党員からもトランプに対する反対意見はなかった。

そんな中、奇妙なカルト現象として注目を集めたのが〝ガーゼ軍団〟だ。暗殺未遂事件で右耳を撃たれて負傷し白い戦うトランプが機関銃を抱えた姿を、実物大の看板にしたブースなど、現実離れした不思議の国「トランプ・ランド」が姿を見せた。

それは〝トランプ教〟の別の形でもある。強力なリーダーシップを求めるあまり、個人崇拝の危険な兆候が漂っていた。米国では人口の六～八割が神の存在を信じており、福音派は聖書や預言者の言葉をそのまま受け入れる傾向が強い。トランプが「神の意思」を背に放つ言葉は、キリストに並ぶ預言者のように響いたはずだ。

いずれにせよ注目されたのは、〝奇跡〟を体験したトランプが何かの覚醒を経て人間として、何より政治家として変化を遂げるか否かであった。政敵をなじり、人種や容姿、果ては障害までもあげつらって個人攻撃するスタイルではなく、融和と協力を模索する指導者へと脱皮する可能性を期待したのは筆者だけではなかったはずだ。

トランプは大会最終日に登壇し、指名受諾演説を行い、銃撃の直後についてこう振り返った。

「そこらじゅうに血が流れていた。しかしある意味、神が私の味方だったので、とても安心できた。そう感じたんだ」

「私たちは今夜ここに集まり、未来について、約束について、そして私たちがとても愛しているものの全面的な刷新について語り合っている。それはアメリカという国だ。私たちは奇跡の世界に生きている。神の計画も、人生の冒険がどこへ向かうのかも、私たちの誰も知らない」

通常の集会ではあまり使わない「神」という言葉をトランプは少なくとも九回使った。

トランプを大統領選候補に指名した共和党大会

米国ではしばしば、「ボーン・アゲイン」（生まれ変わる）という言葉を聞く。生まれ変わったキリスト教徒や、キリスト教に戻ってきた教徒、信仰を新たにした人々を指す。それまで神など信じたこともなかった人物が、神の存在を感じ新たな人生を歩み始めるといった意味だ。

大会が始まるまでは、トランプにもボーン・アゲイン経験があったのではないかという観測があった。民主党支持者からですら、「今回の事件が、人格的に問題があるトランプを変えてくれるのなら、それはそれで良いことだ」という意見が出された。

だが結局トランプは一時間半に及ぶ演説の大半を、バイデン民主党政権の政策をこき下ろすのに費やした。

「米国史上最悪の大統領十人を足し合わせても、バイデンのようなダメージは与えられないだろう」

またメキシコと接する南部国境から不法移民が「侵略している」と不安と恐怖を駆り立てる手法も復活した。民主党などリベラル勢力が熱心に取り組む地球温暖化問題を巡っても、化石燃料の掘削を推進し、電気自動車（ＥＶ）促進策は転換すると表明した。

陰謀論を交え、憎悪と対立をあおる言葉はエスカレートした。壇上を照らすスポットライトは、トランプの悪口雑言の音響効果を伴って、ステージ全体をまるで祭壇のように浮かび上がらせた。見えない柩の中に横たわるのは、米国民主主義の骸のように思えた。

ペンシルベニアでトランプを狙った銃弾は、犯人の思惑（犯行動機はその後も不明のままだった）とは別に米国の運命を変えたのかもしれない。

その後の急展開も予想をはるかに超えるものだった。やはり政治は生き物だ。

暗殺未遂事件はトランプへの支持を一層固めただけでなく、バイデンへの逆風を決定的に強めた。二人の強弱のイメージがより鮮明になったためだ。大統領選挙と同時に行われる連邦議会選挙で議席を失うことを危惧した民主党議員が大統領選撤退要求を加速させ、連邦下院議長を務めた党内実力者議員ナンシー・ペロシが、バイデンに引導を渡した。

四面楚歌となったバイデンは家族と相談の上、七月二十一日、突然の撤退を表明する。後継に指名された副大統領のカマラ・ハリスですら、撤退を告げられたのは当日の朝だった。

副大統領としてはさしたる成果もなく、ホワイトハウス内での評判も芳しくなかったハリスだが、意外にも素早く党内の支持をまとめ上げた。バイデンに対する高齢不安は一気に五十九歳のハリスが持つ若さへの期待へと化学反応を起こし、選挙を左右する激戦州の支持率でトランプを追い越した。その後十一月五日の投開票に至るまで、トランプ、ハリスの支持率は均衡。一見善戦を展開したハリスだったが、十一月五日の投開票で完敗した。

トランプ大勝の理由は、もちろんこうした偶発的な事件だけにある訳ではない。最大の原因はインフレだ。コロナ禍が終息して以降、急速に回復した経済の需要に労働力や原材料の提供がまったく追いつかなかった。

需要の急激な拡大とサプライチェーンのボトルネック（供給網の制約）、世界的エネルギー価格の上昇が重なった上、バイデン政権の対策が遅きに失した感は否めない。

長年の懸案であった不法移民や犯罪の増加に対しても目に見える対策を打ち出せなかったバイデンが、高齢による自身の衰えを認識できず、再選出馬の撤回を決断するタイミングを遅らせたこともトランプには有利に働いたことも忘れてはなるまい。

第二章　融合する政治と暴力

殺人犯からアイドルへ

二〇二〇年八月二十五日、この地域特有の蒸し暑い夜を迎えた中西部ウィスコンシン州ケノーシャの街は殺気立っていた。かつて自動車産業の拠点として栄えたこの街は、差別と憎悪の狭間に置かれていた。

その二日前、二十九歳の黒人男性、ジェイコブ・ブレイクが警察官に背後から計七回撃たれ、下半身不随となる事件が発生した。ブレイクには性的暴行容疑で逮捕状が出されており、警察が身柄確保を試みた際の銃発射ではあったが、地元市民からは「黒人容疑者に対する過剰な暴力的対応」との批判が高まった。

ウィスコンシンに隣接するミネソタ州ではさらにその約三カ月前の五月、黒人男性が白人警官の膝で首を道路に押し付けられ、窒息、絶命した事件が起きていた。リンチに等しい警察の暴力による悲惨な黒人死亡事件を機に「黒人の命は重い（Black Lives Matter）」と訴えるＢＬＭ運動が全米で燃え盛っていた。各地で差別への抗議活動に乗じた放火や商店の略奪なども起きていた。ないがしろにされがちな黒人の命を当然のことながら、白人など他人種同様に尊重するよう求めるこの運動は、悲劇のたびにこうしたスローガンで展開されてきたが、差別の現状はなかなか変わっていない。

ケノーシャでは、ブレイクの事件をきっかけにＢＬＭデモが起き、デモ隊の一部が暴徒化し略奪が発生した。地元住民らの呼びかけで武装した保守派市民による自警団が結成され、警察とは別の独自パトロールを開始、ＢＬＭ運動の勢力とにらみ合う状況となった。

十七歳だった白人男性カイル・リッテンハウスは「街の破壊活動を防ぐため」として、車で約三十分離れた自宅からライフル銃を持ってケノーシャの略奪現場入りした。その際にＢＬＭデモ隊側にいた三十六歳と二十四歳の男性二人と小競り合いになりそれぞれを射殺、別の一人も撃って重傷を負わせた。リッテンハウスは間もなく警察に投降し逮捕された。訴追後の起訴罪状は第一級殺人罪であった。

リッテンハウスが使ったのは、軍用自動小銃並みの殺傷能力を持つＡＲ１５だった。米国で頻発する乱射事件で必ずと言っていいほど登場する高性能ライフルで、二四年七月にトランプ狙撃犯が使ったのもこのライフルだった。護身用と言いながらなぜ戦争並みの殺傷力が必要なのかと常に疑問を突きつけられる、ここ十年間で最も多く米国人を殺しているライフルと言えるだろう。

リッテンハウスに射殺された被害者らはいずれも白人で、事件発生当初から殺傷に人種差別の要素はないとみられたものの、高性能ライフルでデモ隊を射殺した行為はあまりにも過激であり、だれもが有罪を予想していた。

地元裁判所の公判に現れたリッテンハウスは、ふくよかで小柄な体つきの丸顔、少年のあどけなさを残していた。検察側は、死亡した被害者側が武器を携行していなかった事実を軸に、リッテンハウスの有罪を主張した。これに対し弁護側は、被害者がＡＲ１５を抱えたリッテンハウスと口論し脅していたことを強調。リッテンハウスは正当防衛を主張し、「やるべきことをやっただけだ」と抗弁した。

そして自分が射殺した被害者に関してこう証言した。

「もし（被害者の）ジョセフ・ローゼンバウムに私の銃を奪われていたら、彼はそれを使って私を殺し、おそらくもっと多くの人を殺していた」。そこには、そもそも自分が現場に危険な銃を持ち込んだ責任への言及はなかった。最初の発砲の後、なぜ発砲を続けたのかとの質問には、こう答える。「彼がもう脅威でなくなるまで発砲し続けた。銃を奪われそうになったため発砲せざるを得なかった」

裁判所の周辺には「正当防衛は犯罪ではない」と掲げた市民らがデモ行進、リッテンハウスを擁護する活動を続けた。

地元の一般市民から選ばれた陪審員は、白人女性七人、白人男性四人、ヒスパニック（中南米系）男性一人の計十二人。約二十六時間に及ぶ議論を得て下された評決は、全員一致で無罪であった。十七歳の少年が高性能ライフルを抱えて騒乱の中に乗り込み、三人を殺傷した結果一切の罪に問われないという驚きの評決は、最初から政治色が強い公判の進め方から生まれた。

リッテンハウスにとって幸運だったのが、この事件を担当した判事ブルース・シュローダーだ。七十五歳のベテラン裁判官であるブルース・シュローダーは、検察側に敵対的だった。公判中は些細な書面手続きなどを巡って検察官を批判、「事前に届けを出すべきだった」などと怒鳴りつける場面が何度もあった。また公判開始前から検察側に対して向けた要求は驚くべきものであった。

リッテンハウスが射殺した二人についてシュローダーは「Victim（犠牲者）」と呼ぶことを禁じた一方で、弁護側には証拠が伴えば「Looters（暴徒）」「Arsonists（放火魔）」と呼ぶことを許したのだ。陪審制度には一般市民が陪審として参加するため、被害者をどう呼んで性格付けするかは、評決に大きな影響を及ぼす。シュローダーの指示は明らかに弁護士寄りの印象操作であった。

こうした訴訟指揮の在り方について元連邦判事のナンシー・ガートナーは、米ハーバード法科大学院のネットニュースで、「いかさまだった」とシュローダーを強く批判した。「撃たれる直前に被害者らが何をしていたかに焦点を当てることで、被害者を悪者扱いしても良いと弁護側に告げたに等しい」とガートナーは言う。混乱する現場の状況を再現する証言でも、シュローダーは証人らに対して、BLMのデモ隊の中に紛れ込んでいたとみられるアンティファ（極左の反ファシスト運動）に関して話をすることを許した。

このために弁護側は、最終弁論でもリッテンハウスが事件の夜に現場入りしたのは、デモ隊が暴徒化することを防ぐためだったとして、射殺そのものよりリッテンハウスの行動目的に重点を置いた弁護戦術を繰り返し、陪審に対する説得力を高めるのに成功した。評決は殺人を含む七つの起訴内容をすべて無罪とした。殺人はリッテンハウスの正当防衛主張を認めた。未成年の被告は本来、狩猟目的以外ではライフル所持は認められなかったが、評決はこの点も犯罪成立を認めなかった。リッテンハウスの全面勝利だ。このような決定が米国以外で下されるとはとても考えられない。

無罪評決を受け、BLM運動を「極左活動」の陰謀だとして敵視してきた極右を含む保守派市民らからは、喝さいが上がった。武器使用がお墨付きを得たとして、ソーシャルネットワーク上では「彼はヒーローだ」「暴力的な共産主義者を殺す権利確立」といった書き込みが行われた。SNSは「勝利万歳」を意味するナチスの掛け声「ジーク・ハイル」をもじった「ジーク・カイル」など歓喜であふれた。

ユーチューブ上では、リッテンハウスが事件の夜に取った行動を模して、デモ隊を銃撃する〝カイル（リッテンハウス）訓練〟を実演する支持者も現れた。リッテンハウス自身のインスタグラムには、保守著名人らとのツーショットなどが掲載されるようになる。

保守派の女性集会に招かれた際は、「銃撃で一般家庭を過激なデモ隊から守った」として賞賛を浴びた。出席者からは「女性が惹かれるタイプの男性だ」との発言も飛び出すなど、リッテンハウスは一躍保守派のアイドルとなっていった。

リッテンハウスを主人公に「自分を殺人犯に仕立て上げた嘘つきの左派メディア」を七面鳥に見立てて、銃で撃ち落とすオンラインゲームが発売され、宣伝ビデオにはリッテンハウス自らが登場した。保守派の政治家も素早く反応した。リッテンハウスの人気にいち早く目を付け、すり寄ったのだ。一番乗りを果たしたのはほかならぬトランプで、無罪評決から一週間もたたないうちに、フロリダ州にある邸宅マールアラーゴにリッテンハウスと母親を招待する。彼らと記念写真にもおさまったトランプは「良い若者だ。そもそも彼の行為は完全な正当防衛であり、訴追されるべきではなかった」とFOXテレビのインタビューでコメントした。

共和党下院議員からは「インターンに雇いたい」との申し出も相次いだ。うち一人はポール・ゴサール。日本の人気アニメ「進撃の巨人」の映像を改変し、自分が民主党議員を剣で攻撃する暴力的な動画を公開、下院で問責決議を受けた議員だ。ゴサールは顔の部分だけをライバルの民主党左派アレキサンドリア・オカシオコルテスにコラージュした巨人を背後から切り付けて倒し、バイデン大統領に飛びかかる動画をインスタグラムなどに投稿していた。

陰謀論を拡散する極右組織Qアノン信奉者であったことでも知られる下院議員のマージョリー・グリーンは、リッテンハウスに勲章を与えることを提案した。

リッテンハウスがケノーシャで起こした射殺事件をどうとらえるかは様々で、有罪を叫ぶ人々も、裁判官の振る舞いに疑問を抱いたとしても正規の陪審評決であり、彼の無罪を受け入れるしかない。しかし彼が行使した暴力を称賛し、英雄視する風潮はいびつな政治の断面と呼ばざるを得ない。

政治的暴力は善か悪か

英国に対する独立を戦争という力で勝ち取った米国には元来、正義と暴力の共存を認めうる素地がある。米国と銃文化については後述するが、正しい目的を達成するためには、暴力の行使はやむを得ないと考える人が少なくない。

最たる例が連邦議会襲撃事件だった。世界を震撼させた事件も発生からしばらくすると、暴徒らを擁護する意見が出始めた。事件から約四カ月後の二一年五月に開かれた下院の調査会で証言したジョージア州選出の議員アンドリュー・クライド（共和党）は、議事堂への乱入が「規律正しいものだった」と発言した。

連邦議会襲撃事件の前日、首都ワシントンでトランプ勝利を訴える支持者の旗に描かれたトランプ

連邦議会襲撃事件の前日、首都ワシントンでトランプ勝利を訴える支持者

クライドは「下院の議場はバリケードでふさがれており、突入されることはなかった」と主張した上で、「(乱入したデモ隊の)中には物騒な輩がいて、物品を壊した者がいたのも事実だが、彼らは議事堂内の通路を写真やビデオを撮りながら歩いただけで、騒乱と呼ぶような行為ではなかった。普通の観光客の議会訪問に過ぎない」と嘯《うそぶ》いた。クライドの主張は都合の良い細部に焦点を当てたに過ぎない。

無数の報道記録やSNSに掲載された動画や写真が指し示す全体像は、「観光客の訪問」とは程遠い物だ。確かに断片的には、議会内の通路を嬉しそうに歓声を上げながらも、整然と歩くグループの姿も映像として残っている。共和党の中には「警官隊がデモ隊を挑発した」と主張する下院議員がいたが、防弾チョッキや迷彩服に身を包み、警官隊を角材で殴り議事堂の窓をけ破る行為が〝観光旅行〟の一部と主張することには無理がある。トランプの敗北を認めた副大統領のペンスを非難し「ペンスを絞首刑に」と叫んで議場を練り歩いた暴徒のどこが観光客だったのか。

問題はこうした意図的に事件の矮小化を図る政治に足並みをそろえて、暴力行為を国民が容認し始めたことだ。

「愛国者が国を守るために暴力を行使することは容認されるか」―このころ米非営利団体、公共宗教研究所(PRRI)が実施した世論調査では、こうした質問に対し、全体で一八%が許されると答えた。共和党支持者に限ればその割合は三〇%に上った。

二一年三月、極右の暴力に詳しいカーネギー国際平和財団研究所上級研究員のレイチェル・クラインフェルドは、議会襲撃事件を調査する下院特別委員会で証言。トランプが大統領に当選した二〇一六年以降の五年間で政治的暴力が急増したと指摘した。

また「政治的に動機づけされた暴力は（大統領）選挙が近づくにつれ増加する。暴力によるダメージは民主主義を激しく弱体化させる恐れがある」と語った。クラインフェルドは、公正な選挙の生命線である選挙管理当局者に対する脅迫行為について強い警鐘を鳴らした。

脅迫の中でも熾烈だったのは、大統領選挙から約二カ月後にトランプから直接選挙結果を改ざんするよう圧力を受けたジョージア州の州務長官ブラッド・ラフェンスパーガーに対する脅迫だった。トランプは二三年にこの事件でも起訴された。

ラフェンスパーガーは、大統領選挙でバイデンがトランプに僅差で勝利したジョージア州の選挙の責任者だった。激戦で自分が負けた州の結果を覆そうとしていたトランプは、二一年一月、直接ラフェンスパーガーに電話を掛けた。会話の中でトランプは、ジョージアの選挙で大規模な不正があり、「ジョージアの人々や国民は怒っている」などと繰り返し主張。ラフェンスパーガーが「そのような事実はない」と指摘すると、こう切り返した。

「あなたが（票を）再集計したと言えばいい。私は（バイデン次期大統領の得票を上回るための）一万千七百八十票を見つけたいだけだ」

ラフェンスパーガーは、断固として圧力を跳ねのけた。だが、このことが再選を阻む要因だと考えたトランプ派からは、家族に対し「ゆっくりと死なせてやる」などというメッセージが数多く届いた。

脅迫は選挙から数カ月過ぎたころも続いていた。

クラインフェルドは委員会証言の中で、一連の過激な行為の背景には、トランプが要求を拒絶されたことの腹いせに、ラフェンスパーガーを公然と「人民の敵だ」などと非難したことも影響したと分析した。クラインフェルドはワシントンの連邦議会が襲撃された同じ日、ジョージア州庁舎もデモ隊に包囲され、白人至上主義者の組織、クー・クラックス・クラン（ＫＫＫ）の元メンバーがラフェンスパーガーを探し出そうとしていたことから、ラフェンスパーガーが州庁舎から退避していたことも明らかにした。

こうした被害は全米各地で頻発していたことも分かってきた。米国の選挙制度の監視や現状調査で評価が高いシンクタンク「ブレナン公正センター」によれば、東部ペンシルベニア州の開票でトランプがバイデンに敗北すると、中心都市フィラデルフィア市の選管幹部やその家族には「嘘つき」「裏切り者」「七十五の切り傷と二十発の銃弾をお見舞いする」「お前の首を槍の上にさらす」などとする脅迫電話やメールが相次いだ。公正センターの調査では、全米の選管関係者の実に八割が政府による選管関係者の安全確保が必要だと考えていた。二〇二四年の大統領選挙での脅迫を恐れ、退職を希望する選管職員も相当数に上るとみられている。

事態を重く見た司法省は二一年六月、選挙関係者への脅迫行為捜査を専門とするタスクフォースを史上初めて設立した。

不正には死を

二二年一二月には、このタスクフォースがオハイオ州に住む四十四歳の男ジョシュア・ラッセルを連邦捜査局（ＦＢＩ）と共に脅迫の疑いなどで逮捕した。司法省によれば、ラッセルは中間選挙が近づいていた二二年八月と九月、そして選挙後の十一月の三回、以下のようなメッセージをアリゾナ州の州務長官室職員の留守番電話に残した。

八月二日「これは裏切り者へのメッセージだ。お前は二〇二〇年の（大統領）選挙で、不正を働き同じことを繰り返そうとしている。アメリカ合衆国の敵だ。命をもって償うことになる、共産主義の裏切り者め」

九月九日「テロリストへのメッセージだ。お前はあと数か月で刑務所送りになる。さもなければ、墓場行きだ。国家の裏切り者め」

十一月八日、中間選挙が行われ、アリゾナ州ではトランプの厚い信任を受けた共和党候補カリ・レークが僅差で民主党候補に敗れたほか、共和党候補は上院選、州司法長官、州国務長官の主要な職を逃した。

十一月十五日「戦争が始まるぞ。国家全体がお前を追っている。俺たちはお前が墓場に入るまであきらめない。共産主義者の雌犬め。お前は自分の死刑執行命令に署名したのだ。残された日々はわずかだ」

中間選挙で共和党が伸び悩み、特に注目されたアリゾナ州では敗北といっていい状況が固まり、ラッセルの苛立ちが募っている様子が分かる。容疑者は選挙管理に不信を抱いており、中間選挙後は不正が行われたと信じている。また強烈な愛国意識が執拗な脅迫行為を貫いているのも理解できる。

〝共和党に不利な選挙操作をするリベラル勢力〟との思い込みで被害者の州務長官室職員を「国家の的」「共産主義者」「裏切り者」として死を宣告している。自分たちだけが正しい民主主義を代弁しており、政治の反対側にいる人間が実行している不正行為は死を持ってあがなうべきだと主張している。

連邦議会は二二年、選管職員らへの脅迫行為への刑事罰を重くする連邦法成立を審議したが成立せず、対応は基本的に各州に委ねられた。ネバダ、ジョージア、ミシガンなどでは独自にこうした行為を重罪とする州法の導入が検討され、二四年大統領選挙でも深刻な脅迫事件はなかった。

トランプの私兵

「Proud Boys, stand back and stand by（プラウド・ボーイズよ、一度引き下がって、待機せよ）」

極右組織に対する驚きの発言が飛び出したのは、大統領選挙の中でもメインイベントであった。

トランプがバイデンと一対一の論戦に臨んだ二〇年九月の候補者討論会で、台頭する白人至上主義組織のほか、暴力やヘイトスピーチが問題化している親トランプの極右組織への対応を問われ、放ったのがこの言葉。そうした組織の代表格がプラウド・ボーイズだ。

中西部オハイオ州クリーブランドでの討論会で民主党候補のバイデンから極右の具体名を挙げて非難するよう迫られたトランプは「プラウド・ボーイズ、一度引いて待機せよ」とだけ発言したのだ。さらに自身の支持層である右派には何の問題もないと主張し、左派への批判を展開した著名な司会者、クリス・ウォレスから白人至上主義を非難するよう促されたが、トランプは明言を避けた。

プラウド・ボーイズのリーダーで三十代半ばと若いエンリケ・タリオは、X（旧ツイッター）で「常に待機しています」とトランプ発言を歓迎、「わが大統領の討論会での出来が極めて誇らしい」と持ち上げた。トランプは討論会後、プラウド・ボーイズを「知らない」と関係を否定したが、組織側はトランプへの忠誠を深め、二〇年十一月の大統領選挙後、トランプの劣勢が徐々に明らかになると、ワシントンで行われたトランプ支持集会にも参加。戦闘服に似た迷彩服に身を包んだメンバーらが横一列に隊列を組み「決して譲らないぞ」などと連呼して行進する様子が報道された。

タリオはトランプ支持集会に参加した際、黒人差別に抗議する横断幕を教会から奪って火を付けた疑いで逮捕されたが、組織メンバーの多くが連邦議会襲撃事件に参加した。米連邦大陪審は事件から約一年半が過ぎた二二年六月、タリオら五人を起訴した。司法省によると、タリオらは二〇年十二月ごろ、大統領選の結果承認手続きを妨害し、当局に暴力で抵抗することを共謀。議会襲撃当日、首都ワシントンの連邦議会議事堂の周囲に人を集めるなどして、群衆の議会内乱入や警官への暴力を招いた。タリオは議会襲撃当日、現場にはいなかったが、事前の計画を指示したり、議会に乱入したメンバーらと連絡を取ったりした。

また検察側は公判でプラウド・ボーイズは自分たちを「トランプの軍隊」とみなし、バイデンの大統領就任を阻止するため「全面戦争」の準備をしていたと主張、タリオは扇動共謀罪などで禁固二十二年の有罪評決を受けた。この他の幹部らも同十五年から十八年の重い刑を言い渡された。

米メディアによると、プラウド・ボーイズは二〇一六年、新興メディア「バイス・メディア」の共同創設者、ガヴィン・マキネスがニューヨークで立ち上げた。専門家はメンバーを一千〜三千人ほどと推定している。

マキネスは自分のメディアで米国を再建するには「暴力が必要だ」と公言していた。一八年にニューヨークで開かれた集会では、一九六〇年に起きた日本社会党の浅沼稲次郎委員長の刺殺事件をテーマに寸劇を開催した。東京・日比谷公会堂で演説中の浅沼を刺した十七歳の右翼少年、山口二矢《おとや》に扮したマキネスは「米国でも社会主義が幅を利かせ始めている」として社会主義を葬ろうとした山口を称えた。集会が終わると抗議の極左組織とプラウド・ボーイズ双方のメンバーが乱闘となり、プラウド側の約十人が逮捕された。

マキネスは事件後、暴力主義を否定し組織を脱退した。しかしプラウド・ボーイズは過激化の道をたどる。二〇二〇年に入ると、コロナ禍に見舞われた米国の各地で起きた反マスク集会や、黒人の人権擁護運動「ブラック・ライブズ・マター（黒人の命は重い）」への抗議行動に参加していた。組織メンバーは迷彩服を着たり、銃を携帯したりして左派グループを威嚇、小競り合いを起こしていた。

危険な武装集団

トランプの討論会発言や襲撃事件への関与で目立ったプラウド・ボーイズだが、別の集団も同様に襲撃には加担していた。極右団体オース・キーパーズの指導者スチュワート・ローズは二三年五月、扇動共謀罪などで有罪評決を受けた。量刑は禁錮十八年で、事件で訴追された千人を超える容疑者や被告の中で最も重い内容であった。ローズは「私はトランプと同様に政治犯だ」と主張していたが、裁判官は、ローズについて「釈放された瞬間、武装蜂起を企てるだろう」と指摘。二四年大統領選に向け議会襲撃のような事件が再度起きるかもしれないと懸念を示した。

コロナ禍の社会不安を背景に「ブーガルー」と呼ばれる武装極右も勢いを増した。内戦や革命も究極の目標とみられたが、インターネットを通じひそかに連帯するため実態が把握しにくい組織だった。一九八〇年代のダンス映画に語源を持つ「ブーガルー」は、二〇一〇年代前半に白人至上主義らのネット上の隠語となったとみられている。個人が銃を持つ権利を重視、政府による干渉を否定する共通点があり、一部は武力による政府転覆も狙っているとみられる。

中西部ミズーリ州では二〇年三月、ネオナチとつながりのある男が病院の爆破を計画し、逮捕しようとした米連邦捜査局（ＦＢＩ）の係官に射殺された。ＦＢＩは容疑者が「革命の火ぶたを切るブーガルー作戦」を計画していたと断定した。五月には西部ネバダ州で、警官による黒人男性殺害事件への抗議デモに乗じて混乱を拡大するため、ブーガルー活動家三人が手製火炎瓶を持ってデモに接近して逮捕された。検察当局は「米国各地で平和デモを暴力の扇動者が乗っ取る動きがある」と指摘した。

シンクタンク戦略国際問題研究所（ＣＳＩＳ）が発表した米国内の報告書によると、一九九四～二〇二〇年に米国内で確認されたテロは、未遂を含め計八百九十三件に上った。そのうち右翼の組織や個人によるものが五七％、左翼が二五％と政治思想に基づく犯行が多数。宗教思想によるものは一五％にとどまった。

第三章　復讐の政治

政治の焼け野原

二〇二二年八月十六日、西部ワイオミング州ティトン郡の牧場で夕陽空を背に敗北演説をしたのは、トランプが選挙陰謀論を唱えて以来、トランプの政敵となり攻撃の標的となってきた下院議員リズ・チェイニーだった。

当時五十六歳のチェイニーは、その約二年前の下院選挙を前にした共和党の予備選挙で、約七三％の得票で圧勝していた。しかし、この日結果が出た共和党予備選でチェイニーは、トランプが放った刺客候補で弁護士出身のハリエット・ヘイグマンに三〇ポイントの差を付けられての惨敗だった。

予備選敗北は予想されていた。チェイニーはリスクと困難が山積していた長い道のりを振り返って、こう支持者に打ち明けた。「(前回と同じ楽勝を目指す) 道を歩むのは簡単だった。しかし、そのためには二〇年の大統領選挙に関するトランプの嘘に付き合わなければならなかった。民主主義システムを崩壊させ、私たちの共和国の基盤を攻撃しようとするトランプの努力に加担することが必要だったからだ」

「それは私には進むことができなかった道だし、これからも歩むつもりはない」とトランプとの対決継続を誓ったリズ・チェイニーに支持者からは喝さいが沸いた。リズの父親ディック・チェイニーは、二〇〇〇年代のジョージ・ブッシュ(子)政権で副大統領としてイラク戦争開戦を主導するなど絶大な影響力を誇り「史上最強の副大統領」と称された人物だ。娘のリズ・チェイニーも国務省勤務などを経て政界に進出、名門出身で政界の「セレブ」として順風満帆、ワシントンでも共和党の要職にあった。

しかし議会襲撃を巡りトランプ批判の先頭に立つと、党内での評価は激変、一転して党内の裏切り者扱いされる。さらに民主党主導の下院特別委員会に副委員長として加わったことで、トランプ派以外の共和党員からも非難を招く。

ワイオミング州は元々宗教、文化的に保守的な地域にあり、石炭や天然ガスを主要産業とするため、産業の規制緩和を推進したトランプへの評価も高かった。折しも全米で過激なトランプ派による選挙関係者らに対するテロ予告が相次いでおり、リズ・チェイニーは安全上の理由から予備選に影響力がある大人数での集会を開けなかった。

一方、五十九歳のヘイグマンはリズ・チェイニーのかつての盟友で、一六年の州党大会ではリズ・チェイニーを「勇気ある憲法保守主義者」と紹介、トランプを「人種差別主義者で外国人嫌い」と批判していた人物だ。

だがリズ・チェイニーを政敵とみなしたトランプは、下院の議席が争われる二二年中間選挙を前にヘイグマンに対する支持を表明した。ヘイグマン側も「チェイニーやフェイクメディアに騙されていた」としてトランプ批判をあっさりと撤回する。

予備選の選挙期間中、政治的には絶望的な状況に陥る覚悟をしながらトランプとの対決路線を歩んだその勇気を称え、二四年大統領選挙でのリズ・チェイニー出馬を望む声すら上がった。しかも民主党の地元本部などが支持者らに政党登録を民主党から共和党に切り替えリズ・チェイニー支援に回るよう呼びかける事態すら起きたが、下馬評通りリズ・チェイニーの惨敗となった。

下院弾劾訴追の決議を巡る共和党保守派らの復讐によって議席を失ったのは、リズ・チェイニーだけではなかった。決議に賛成した十人の共和党議員のうち四人は事前の世論調査で自らに向けられた共和党有権者の反感があまりにも高まったために、再選を目指さず引退を表明していた。さらにリズ・チェイニーを含む四人が各地の予備選で敗北に追い込まれた。

商売敵や政敵を容赦なく叩きのめすのは、トランプが不動産王時代から一貫して取ってきた流儀だ。そうした去就が伝えられるたびに、トランプは「さらにまた一人やっつけた」と自らの影響力を誇示するメッセージをSNSで発表していた。

加担拒否で政治生命失う

「裏切り者」
「縛り首にしてやる」
「小児性愛者」

二〇二〇年十一月の大統領選後、アリゾナ州下院議長だったラッセル・バウワーズの元には、無数の脅迫やうそが押し寄せた。再選に失敗したトランプとその側近たちが、大統領選挙全体の勝敗を左右する可能性があったアリゾナの集計結果を覆そうと画策した。

共和党員でありながらトランプ陣営による集計結果修正への加担を拒んだバウワーズは、選挙が盗まれたと信じ込んだトランプ支持者による逆恨みの標的になり、猛烈な抗議を受けた末、政治生命が絶たれた。二三年三月、バウワーズに取材を申し込んで二週間、彼はインタビューを受けると返信してくれた。

「後悔はしていない。議員として憲法に誓いを立てた身だ」。アリゾナ州南部メサ。十メートルを超える何本ものサボテンが春の陽光を浴びる赤い砂漠地帯の自宅で、バウワーズは淡々と、しかし確信に満ちた口調で振り返った。

当時大統領であったトランプから突然の電話があったのは、民主党候補だったバイデンが勝利した日から二週間以上が過ぎた二〇二〇年十一月下旬だった。

バウワーズが妻と教会から車で帰宅した瞬間、見知らぬ番号からの電話が鳴る。自宅駐車場に車を入れその電話に出ると、相手はホワイトハウスだった。間もなく向こう側に出たのは、テレビなどでは聞きなれただみ声、トランプ本人だった。

「アリゾナで本当に勝ったのは私だ。選挙は不正操作されていた」。トランプはすぐにこう切り出した。側近の元ニューヨーク市長、ルドルフ・ジュリアーニと交互に話すトランプは、勝者を最終認定する連邦議会に送り込む選挙人を、バイデン支持者からトランプ支持者に差し替えるよう求めた。

だがアリゾナ州の選挙集計は既に終了しており、規定にしたがって州が持つ選挙人はすべてバイデン陣営のものとなっていた。州議長とはいえそれを勝手に変えることは許されなかった。「自分には民意を覆す権限がない」。バウワーズは即座に拒絶した。

その日はいったん引き下がったもののさらに数日後、トランプ側はバウワーズに電話をかける。ジュリアーニは電話口で「大勢の不法移民や死者が投票した」と主張した。これに対してバウワーズが「具体的な不正投票者の名前はあるのか。証拠を見せてほしい」と証拠を求めた。するとジュリアーニは「多くの不正情報があるが、証拠はない」と認めた。

「私は何度も要求したんだ。証拠があるんだよな、と」バウワーズは、児童の拙い嘘を見抜いた教師のような表情で、笑いながら振り返った。その後、ジュリアーニ側から〝証拠〟が示されることはなかった。

ジュリアーニやトランプによる執拗な圧力を拒否する一方で十二月四日、バウワーズは異例の州下院議長声明を出し、トランプ側による一連の干渉を公にした。

声明では「共和党員として選挙結果は残念だが、公式の選挙結果を変えるつもりはない」と宣言、議員生活足かけ十七年に及ぶベテラン政治家が見せた意地でもあった。

大統領の要請拒否

トランプ支持者の間には「選挙が民主党に盗まれた」との思い込みが浸透していた。バウワーズの元には二万通を超える抗議や脅しのメール、膨大な数の留守番電話メッセージが殺到する。

その当時、自宅では内臓系の重篤な疾患を抱える長女が療養中だったが、週末になると抗議デモが押しかけてきた。「腰に銃を下げた若い男が敷地境界に立つ日もあった」とバウワーズは振り返った。彼が見せてくれた写真には、小柄ではあるが剣呑な雰囲気を漂わせた男がバウワーズ家の方向をにらむ姿があった。

この出来事の他に車の荷台に設置された巨大な電光掲示板に「バウワーズは小児性愛者」と虚偽の主張を掲げ近所やメサを徘徊する男も現れた。

結局その後の二一年一月六日、首都ワシントンの連邦議会がトランプ支持者の襲撃を受けながらもバイデン勝利を最終認定したことで、トランプ陣営の画策は頓挫した。それでも陰謀論を鵜呑みにしたトランプ支持者を中心とする共和党強硬派の怒りは収まらなかった。二二年八月、州議会選の共和党候補を決める予備選でバウワーズは、経験の浅いライバルに惨敗した。

自宅周辺で起きた過激な抗議にショックを受けた長女はしばらくして病状が悪化し亡くなった。過激な抗議行動とは直接の関係はなかったとはいえ、闘病の最後を安らかな環境で送らせてやれなかったことが、バウワーズにはつらい思い出として残っている。

政治生命も絶たれた。それでも「うそに加担はできなかった」とバウワーズは言い、国の最高権力者から電話を受けた際にぶつけた言葉を明かしてくれた。「あなたのために違法行為は一切しない」

自宅の奥にある大きなアトリエに筆者を案内してくれたバウワーズは、余生は「画家として過ごすさ」と穏やかに笑った。彼は米国で吹き荒れた復讐の政治の犠牲者ではあったが、信念を貫いた地方政治家の意地と誇りも感じられた。

武装して選挙監視

バウワーズや家族に対する脅迫が犯罪行為に当たるのは明らかだったが、ぎりぎりの線で活動する選挙陰謀論者も少なくなかった。大統領選挙の陰謀論に煽られた市民が、選挙妨害にまで踏み込む事例がやはりアリゾナで確認されている。

二二年十一月の中間選挙では、最大都市のフェニックスや郊外のメサにドロップボックスと呼ばれる投票箱が設置され、決められた期間内であれば有権者はいつでも投票用紙を投函することができた。ところが、この方式が陰謀論者によって〝不正投票の温床〟と決めつけられた。独自の選挙監視団を組織した彼らは、それぞれのドロップボックス近くに居座り、投票を監視した。本来は投票権を持たない人物が投票したり、偽の投票用紙が投函されたりするのを防ぐための自警活動に乗り出したのだ。

ところが一部の自称、監視員は怪しいと目を付けた投票者の自宅を特定するために尾行したり、軍兵士が使うような防弾チョッキを着てライフルを抱え監視したりする行為に出た。投票の様子を動画撮影する者も現れた。こうした行為を投票に対する威圧行為とみなした市民団体が、停止命令などを求めて地元裁判所に提訴したが、裁判所は特別禁止する理由はないとして、停止命令請求を棄却した。

彼らを駆り立てた理由の一つが「２０００匹のラバ（Mule）」と呼ばれる映画だった。ドキュメンタリー仕立てで、二〇年大統領選挙投票で行われた多くの選挙不正の現場を撮影したと主張した。ラバは米国のスラングでは麻薬の運び人を意味する。映画は不法な投票用紙を運んだ人物をラバに見立てていた。

映像では、アリゾナやミシガン、ジョージアなど激戦になった州で、夜間に投票用紙の袋を多数抱えた人物が投函する様子が確認できる。映画はこれらを民主党と関係のあるＮＧＯ組織に雇われた不正投票の実行者として描いた。

しかし、主要な米メディアの検証では、使われたデータには多くの疑問点があった。データは保守派の選挙監視団体「トゥルー・ザ・ボート」が集計した携帯電話の位置情報を根拠にしていた。映画は、位置情報の移動形跡を分析し、多くのドロップボックスを行き来する人物（運び屋のラバ）がいると主張した。

ワシントン・ポスト紙が検証したところ、映画で描かれたドロップボックスの位置が不正確で、位置情報もドロップボックスから三〇メートル以内にその人物が近づいただけで、ドロップボックスに違法な投函をする可能性がある不審行動と定義づけていたなど、ずさんな内容だった。

さらに不正が起きたと指摘されたジョージア州アトランタの地図に位置情報データを重ね合わせた場面があったが、存在しない河川が描かれていたため調べたところ、実際にはロシアの首都モスクワの地図がアトランタの物として使われていることが判明するなど、際立った間違いも確認された。トランプ政権で司法長官を務めたウィリアム・バーですら、連邦議会襲撃事件を調査する下院特別委員会での証言で、この映画で描写された〝証拠〟のずさんさを指摘、嘲笑する様子が記録に残されている。

それでも「選挙は盗まれた」と一度信じ込んだ人々の心は動かせない。取材のたびに思い知らされるのは彼らの思いこみの深さだ。多少なりともトランプや共和党に批判的なメディアは完全に「フェイク」として拒絶するが、「2000匹のラバ」のような情報は、喉が渇いた動物のようにごくごくと飲み干してしまう。

バウワーズのような人物を苦しめたのも、こうした偽情報を鵜呑みにし、操られている市民だ。

アメリカの市長から被告へ

バウワーズを操ろうとしたジュリアーニはトランプの側近となる前、米国で最も尊敬される市長の一人だった。

レーガン政権下での司法省勤務を経て、一九八三年にニューヨーク州南部地区の連邦検事となったジュリアーニは、ニューヨークの五つのマフィア・ファミリーを中心に、組織犯罪対策に着手。その手腕で得た名声で政界への足掛かりをつかみ、九三年にはニューヨーク市長に当選、犯罪都市として知られた市の治安回復に手腕を発揮した。

二〇〇一年九月十一日にニューヨークで起きた中枢同時テロによる未曾有の事態に動揺する市民に対して平静な対応を呼びかけ、「アメリカの市長」と称された。二〇〇七年には翌年の大統領選挙に向けて共和党で立候補を表明、結局撤退したものの、一時は最有力候補視されるほどであった。

その後政治の表舞台から身を引いた形であったが、ジュリアーニは一六年にトランプが大統領選挙に挑戦した際、全面的な支持を表明する。一八年にはトランプの法律顧問として活動を始めた。再選を目指すトランプにとって、民主党のバイデンが有力なライバルとなる可能性が浮上すると、ジュリアーニはトランプの密使としてウクライナに足を運んだ。

オバマ政権でバイデンが副大統領在職中、息子のハンター・バイデンがウクライナ企業の役員に迎えられて高額の報酬を得ていたとの情報を政治スキャンダルとして利用するために、ジュリアーニは一九年初めからウクライナで情報収集していた。この件では、トランプ政権がウクライナ大統領のウォロディミル・ゼレンスキーに対し、軍事援助と引き換えにハンターの調査を要求した疑いが浮上し、トランプは下院の弾劾訴追を受けている（後に上院で無罪評決）。

二〇年大統領選挙でトランプが敗北すると、ジュリアーニは、選挙陰謀論の参謀として本格的に活動を始めた。アリゾナのバウワーズの他にも各地の選挙管理責任者らに圧力を掛け、結果の無効化を画策、票の集計に使われたドミニオン・ボーティング・システムズ社の機械が集計を不正に操作できる設計になっていたなどの主張を展開した。この件でジュリアーニは同社から巨額の損害賠償訴訟を起こされた。

二一年にはニューヨーク州の裁判所が大統領選の結果に関して「明らかに虚偽で誤解を招く発言」を法廷などで行ったとして、ジュリアーニに対し、州の弁護士資格を一時停止する決定を下した。

第四章　陰謀論の濁流

「議会へ」トランプの扇動

よかれ悪しかれ米国の歴史に名を刻むトランプの最大のレガシーの一つは、二〇二一年一月六日にワシントンで起きた連邦議会襲撃だ。その経緯をあらためて振り返っておきたい。

まずは二〇〇〇年十一月三日に実施された大統領選挙がある。一七年一月の就任以来、型破りな言動と政策で物議をかもし続けたトランプ政権は、二〇年春に新型コロナウイルスが米国を襲うまでは力強い経済に支えられ好調であった。中国に対しては強硬姿勢で臨み、ウラジミール・プーチンが指導するロシアとは良好な関係を維持、トランプは二期目の続投を当然のこととみなしていた。

だがコロナ禍と同時に経済に急ブレーキがかかる。医療専門家らのアドバイスにも耳を貸さず甘い感染防止策に終始した米国は瞬く間に世界最悪の感染地域となった。トランプは自身のカメラ映りを意識してマスクをかけず、ホワイトハウスの大規模会合では集団感染を引き起こすなど公私ともに終始後手の対応だった。

経済の急な低迷と感染拡大への対応が焦点となった選挙では、岩盤支持層以外の中間層が民主党のバイデンへと流れ、開票結果は西部アリゾナや南部ジョージアを中心に接戦となった。決着が着いたのは投票から三日後、米メディアが一斉にバイデンの当確を報じた。

総得票数はバイデンが約八千百万票、トランプが七千四百万票で、勝者を決める大統領選挙人の獲得数はバイデン三百六人、トランプ二百三十二人だった。

トランプ陣営は直後から「選挙の投開票に民主党による大規模な不正があった」と根拠のない結果否定キャンペーンに着手する。選挙結果の非認定などを求め約六十にも上る訴訟を全米各地、主に激戦州で展開したが、ほぼ完全に門前払いを受けた。

一月六日、議事堂内ではペンス副大統領を議長として、上下院合同の選挙結果認定手続きが進められていた。この手続きをもって大統領選挙の結果は最終的に決まることになる。

ワシントンは寒い冬の日だった。ホワイトハウス近くの広場には、MAGAのロゴが入った帽子やジャケットに身を包んだ支持者ら数千人が終結した。MAGAはトランプの初当選以来のキャッチフレーズで「Make America Great Again（米国を再び偉大に）」を意味する。

巨大な星条旗や権力への反抗心を象徴する南北戦争時の南軍旗を掲げた人々が、トランプ陣営の「選挙は盗まれた」との壇上からからのスピーチに酔いしれるように呼応していた。広場の人々はだれもが「正しいことをしている」との確信を抱いて集会に参加していたように感じた。

中には陰謀論を広める右派勢力QアノンのTシャツや旗を持った参加者も少数だがあった。

正午ごろ、厚手のコートと黒い皮手袋をしたトランプが、防弾ガラスに囲まれた壇上に姿を現した。

「彼らは選挙を歪めた。過激な左派と民主党、そしてフェイクニュースが選挙を盗んだ。もうたくさんだ。盗みを止めよう。選挙は接戦ですらなかった、我々は地滑り的勝利を収めたのだ」

演説は約七十分に及んだ。疲れも見せずにトランプはこう締めくくる。

「ワシントンの沼を掃除し、汚職を追放しよう。国家が違法に乗っ取られるのは放置できない。真実と正義は我々の側にある。死ぬ気で戦わなければ、国家はもうなくなる。ペンシルベニア・アベニューを歩いて、議事堂に向かおう。一部の弱い共和党議員に勇気を与えよう」

これを合図に群衆は東に約二キロ離れた議事堂へ向けて大行進を始めた。午後一時ごろには最初の群衆が議事堂に到着し、早くも議事堂警備の警察官と小競り合いになった。午後二時すぎ、デモ隊の一部が議事堂の窓や入口を破壊し、内部に侵入した。承認手続きは中断し、副大統領マイク・ペンスや議員らは安全な場所に避難を開始、議事堂内でデモ隊制圧のために催涙ガスが使用され、一部の議員はガスマスクを着用した。

議事堂は数千人のデモ隊に包囲され、数で劣る警官隊は既に制圧できない情勢に陥っていた。白亜の議事堂建物にはデモ隊がまるで黒い雲霞の群れのように取り付いていた。

ほぼすべてのテレビがその風景を生中継していたが、トランプが取ったのは事態沈静化とは逆の行動だった。ツイッターで支持者らを制止しないばかりか、「（副大統領）マイク・ペンスには、祖国と憲法を守るためになすべきことをなす勇気がなかった」とデモ隊を一層煽るような投稿をした。

デモ隊は議会内の議員室も襲撃し部屋の中を荒した。議員の一人はSNSでトランプに向け「これを止められるのはあなただけだ」と訴えた。しかしトランプがデモ隊に事実上制圧された議会警察の代わりに軍の動員を命じたのは、襲撃から二時間以上が過ぎてのことだった。午後四時過ぎにはビデオメッセージを公表、デモ隊にこう語りかけた。

「私はあなた方の痛みを知っている。君は特別な存在だ。君たちを愛している。ひどい扱いをあなたたちは受けた、気持ちは分かるが、家に帰りなさい」

事態沈静化に向けたメッセージではあるものの暴徒化したデモ隊を非難したり、自身の責任を認めたりする言葉はなかった。このメッセージに従ったデモ隊が退去を始め、午後六時ごろになってようやく議事堂の安全が確保された。ワシントンには午後六時をもって外出禁止令が敷かれ、市内は平静を取り戻したが、既に警官とデモ隊を含め五人が死亡していた。この日は太平洋戦争に米国を引きずり込んだ真珠湾攻撃同様、「米国恥辱の日」として歴史に刻まれ、トランプが復活した今でも、米国の民主主義に暗い影を落とし続けている。

乗っ取られた保守の祭典

連邦議会襲撃から約二年が過ぎた二三年三月上旬、共和党保守派による伝統の祭典、保守政治行動会議（CPAC）の年次総会がワシントン郊外で開かれた。

CPAC総会は長年、大統領選出馬をにらむ共和党有力者がこぞって登壇し、保守派の有権者らの支持を固めたり、反応を見極めたりする場となってきた。新型コロナウイルスの流行によって、感染予防規制が厳しいワシントンや周辺からフロリダやテキサスを会場にしてきたが、二三年のCPACは、感染が収まったことで、長年開催場所となってきたワシントン郊外のメリーランド州ナショナル・ハーバーの大型コンベンションセンターに戻った。

メリーランド州側からポトマック川を見下ろすガラス張りの威容を誇る同センターは、最大で一万人を収容できる、米東海岸でも有数の会議施設だ。その巨大施設が三月一日から四日間、青と赤の星条旗と、「ＭＡＧＡ」をあしらった帽子や旗に埋まった。

地下一階から三階までを貸し切ったセンター内は、久しぶりの首都圏開催とあって熱気にあふれ、メイン会場を取り囲む通路では関連イベントが終日開催されていた。通路を埋める三十個ほどのブースは、保守派のラジオやテレビが多く占めていた。中にはトランプらの肖像画をその場で描くアーティストの実演販売や、巨大なＭＡＧＡ横断幕を販売する露店もあった。

行きかう参加者で渋滞も起きるほどの通路では、〝陰謀論セレブ〟の面々の周囲で人だかりができていた。その中で圧倒的人気を誇っていたのがトランプの元首席戦略官であったスティーブ・バノンだ。バノンはメイン会場での演説の合間に何度もブースに足を運び、多くの時間をＭＡＧＡ支援者たちとの交流に費やしていた。

バノンはかつてホワイトハウスの首席戦略官という権力のど真ん中にいた人物だ。米海軍将校、金融大手幹部、映画プロデューサーなど異色の経歴を持つバノンだが、二二年九月にはニューヨーク州の検察当局によって、メキシコ国境地帯の「国境の壁」建設のため民間から募った巨額の資金をだまし取ったとして、詐欺やマネーロンダリング（資金洗浄）などの罪で逮捕、起訴されている。

保釈を勝ち取り裁判闘争を続ける傍ら、強硬右派に人気のポッドキャスト「ウォー・ルーム」を主宰して、政治的な発言と影響力を維持している。ウォー・ルームは戦時の戦闘指揮所を意味しており、

「左派が保守派に対して仕掛けた戦争への抵抗作戦を自ら指揮している」という。

民主党は共産主義

ウォー・ルームのブースにバノンが姿を見せると、「トランプ　二四年大統領選挙当選」のメッセージをあしらったTシャツや赤い帽子をかぶったファンたちが足早に集まった。みな熱心にバノンの話に聞き入り、サインをもらい、記念写真におさまっていた。彼らの会話に耳を傾けると、左派の陰謀によって選挙は盗まれ、裁判は米国の価値観を破壊しようとしているといったバノンが得意とする内容だった。次期大統領選挙をにらんで政権奪還への運動や勝利を確約し合っていた。連日このブースに現れたバノンの交流は二時間以上に及ぶこともあり、長い行列には人数制限がかかる場面もあった。

会期二日目の夕方、行列の最後尾にいた東部ペンシルベニア州の男性、ビル・アレンは、ぎりぎりでバノンと話すチャンスを得たことに満足した様子だった。六十二歳、かつて鉄鋼業で栄えた東部ペンシルベニアのフィラデルフィアから毎年CPACに参加するというアレンは、米国の現状への意見を求めた筆者に、貿易の不公正問題について語った。

「米国政府は企業がメキシコに工場を移すことを許した。ところがメキシコは賃金が安い上に、まともな労働法もない。これでは公正な競争ができるはずはない。第二次大戦後ペンシルベニアを支えた鉄鋼業も、政治家が強制した環境保護義務のせいで競争力を失った」

ワシントン郊外で開かれた保守政治行動会議（ＣＰＡＣ）でファンに頼まれ帽子にサインするトランプ元側近のスティーブ・バノン

アレンはトランプ集会にありがちな熱に浮かされたようなＭＡＧＡ信者ではなく、米国の置かれた経済情勢を冷静に分析し、政治がどうあるべきかを真剣に考えている様子であった。外交面でも欧州や日本といった同盟国との関係維持の必要性などを熱心に語った。

それでも現状改善への考えを問うと、返ってきたのは案の定トランプだった。「米国が抱える様々な間違いを正してくれるのがトランプだ。一期目でもそうしてくれたし、二期目もわれわれのために仕事をしてくれる。中国を公正な貿易取引に引き戻すだろう」

現状分析は冷静で的確でも、解決策は〝馬力〟にあふれたトランプへと一直線に向かう。さらにそれほどの仕事を成し遂げたというなら、なぜトランプは負けたのかについて質問すると「選挙が盗まれたからだ」と即答した。アレンはため息を一つ就いて続けた。「アメリカの選挙はかなり前から歪められてきたんだよ。フィラデルフィアでは、百ドル渡して有権者を買収し、民主党候補に投票させる行為が何年も続いている」。

あからさまな選挙違反がなぜばれていないかについては「裁判所が腐敗しているため不正の証明ができない」と嘆いて見せる。アレンはかつての大統領ジョン・F・ケネディを支持する民主党員だったという。だが「今の民主党は民主主義ではなく、共産党だ」と言い切った。

民主党の蹉跌《さてつ》

民主党は長い間、労働者の生活や理念を重視した政党であった。しかし、戦後、日本やドイツなどが復興し競争力を高めた結果、米国内産業の相対的な競争力は低下した。一九八〇年代に入るとどこに住んでいても、家柄も関係なく努力して働けば豊かになれる〝アメリカン・ドリーム〟は労働者、特にアレンが指摘するようなブルーカラーには手が届かないものになってしまった。

民主党は（そして相当部分において共和党も）選挙の軸足を、より力をつけ始めた高学歴の都市生活者に移した。特にビル・クリントン政権（一九九三―二〇〇一年）、バラク・オバマ政権（二〇〇九―一七年）時代に入ると、北米の貿易自由化や、環太平洋パートナーシップ（ＴＰＰ）とグローバリゼーションはその影響を米国経済の隅々まで広げた。製造業の海外移転も進み、これを個々の労働者ではなく一部の企業トップを潤すだけの愚策とみなしたブルーカラーの危機感は深まった。

米国の政治が直面する深刻な問題は、そうした不満が民主党だけでなく、従来の共和党主流派が進めた諸政策にも向いたことだ。民主党か共和党かを問わず、既成の政治が自らに対する「棄民政策」をとっているとすらみなした不満のエネルギーが、二〇一七年のトランプ政権誕生の原動力となった。

環境から教育に至る諸政策が重要であるのは論を待たないとはいえ、目の前の工場や商店が閉鎖され、年々雇用の機会が減っていることに苦しむ地方の労働者には、どこか絵空事と映ってしまうのは否めなかった。

筆者はアレンの出身地ペンシルベニアを、二〇二〇年十月トランプ再選キャンペーン中に取材した。その際に見えたのは地方の荒廃の実態であった。トランプもバイデンもペンシルベニアを最重要州の一つと捉えていた。トランプはこの時、州南西部ジョンズタウンで集会を開き、初当選の原動力となった白人労働者らに向けて雇用確保を訴えた。一六年選挙では同州を含むラストベルト（さびた工業地帯）各州で勝ったことが当選につながったが、再選活動では軒並み苦戦中であった。ジョンズタウンの空港に設置された集会所でトランプはバイデンが勝てば厳しい環境規制が導入され、シェールガス採掘関連の「仕事がなくなる」と主張した。

集まった数万の聴衆は「メイク・アメリカ・グレイト・アゲイン」を叫び、トランプの一挙手一投足に歓声を上げていた。気温は十度程度まで下がっただろうか。それでも二時間以上に及ぶ演説をトランプは難なくこなし、聴衆も最後まで熱心に聞き入った。臨時駐車場と会場間のシャトルバスでも幅広い老若男女が楽しげにおしゃべりに花を咲かせていた。参加者らは何キロも離れた臨時駐車場からシャトルバスでしか空港の会場に入れない不便を強いられながら、不平を漏らすこともない。

集会の翌朝、ジョンズタウンを歩いてみると、ちょうど紅葉の季節で錦に染まった山肌は美しいが、灰色の街並みは人影が少なく、さび付いた大きな鉄鋼関連施設だけが目立った。地元産業の停滞と低賃金、お決まりの薬物乱用の蔓延と、アパラチア地域の山地周辺に広がる「錆びた」地域の典型的な街だ。

くすんだ壁に囲まれた公営アパート前のベンチでは、八十代と思しき老人たちが遅めの朝食をとっていた。女性の一人は「地元の鉄鋼業が盛んだった一九六〇年代にはいくつかのデパートもあったが、この町にはもう何もない」と振り返った。トランプ集会はこんな場所に夢と娯楽をもたらしてくれる巡業サーカスのようなものだ。地元の人々の熱狂が理解できる気がした。遊説に訪れたトランプについて聞くと「彼はこんな私たちやこの町を忘れなかった」と笑う。一瞬の輝きが彼女の目に戻った光景は忘れることができない。

報復誓う

保守政治行動会議（ＣＰＡＣ）を訪れたビル・アレンと話をした場所の近くでは、連邦下院議員で筋金入りの若手トランプ派であるマット・ゲーツが登場した。すると女性たちが列をなし、競って握手や対話を求めた。聞こえてくるのはお決まりの「選挙は盗まれた」という陰謀論絡みの民主党批判だ。

ワシントン郊外で開かれた保守政治行動会議（ＣＰＡＣ）で支持者らに囲まれるマット・ゲーツ(左)

十七歳の少女に旅費を払って連れ回し性行為をした疑いで一時期司法当局の捜査対象になるなど、疑惑の多いゲーツだが、共和党の強硬保守派の代表格として目立ち始める。二三年一月に連邦下院議長にケビン・マッカーシーを議長選出するかどうかを巡り共和党内が紛糾した際には、フロリダに引っ込んでいたトランプを議長に推薦するなど、奇策を講じたパフォーマンスで名をはせた。長身で弁舌も立つ。甘いマスクも手伝ってか、ＣＰＡＣに集まった党員らの人気は高く、あたかもロックスターのような人気を見せつけていた。

ＣＰＡＣの三日目、新進気鋭の陰謀論者が舞台を彩った。二二年の中間選挙でアリゾナ州知事選に共和党から立候補し、民主党候補に敗れたキャリ・レークが壇上でまくし立てる。「彼らは選挙を盗んだ。アリゾナでの犯罪行為を全世界が目撃した」

アリゾナの地元テレビ女性キャスターから転身し、トランプ同様に「政治は素人」が売りだった五十三歳のレークは、ディナー出席者に張りのある声で続けた。

「彼らは偽の投票用紙を持ち込み、集計機に細工して投票を妨害した。共和党支持者が多い地域で投票ができないように仕組んだ」。「彼ら」とは民主党を指すが、「不正」の事実は司法の場を含めて立証されていない。レークは陰謀論に基づく選挙不正を盾に敗北を認めないトランプ主義の継承者だ。

CPAC年次総会は長年、次世代の共和党スター候補に支持を広げる場を提供してきた。しかしこの総会では二四年大統領選出馬がささやかれたフロリダ州知事ロン・デサンティスや、前副大統領、マイク・ペンスらが出席を見送った。選挙不正論が中間選挙で多くの共和党候補の足を引っ張ったことで距離を置いたようだ。その結果、総会そのものが「過激な右派にハイジャックされた」（穏健派共和党員）状態となった。旧ソ連との冷戦終結を希求したレーガンの歴史的な演説の伝統など見る影もなく、レークは選挙陰謀論とトランプ礼賛、バイデン批判に終始した。

不法移民の流入や薬物による社会の汚染を放置した民主党が「失敗を隠蔽するためにアリゾナ州の知事選で選挙を盗んで」自分を落選させたと主張したレークは、「全米のどこに行っても、選挙の不正を指摘する私に感謝する声が聞こえる。子供たちの世代のために戦い続ける」と宣言した。

選挙や連邦議会襲撃事件に絡む陰謀論が席巻したCPAC総会を締めくくったのは、やはりトランプだった。一期目で自分が成し遂げた政治的な成果を列挙し「影の政府を破壊し、共産主義者を駆逐する」と民主党政権の打倒を約束、「民主党は米国を憎んでいる」と指摘した。

そしてこう言い放った。「私はかつて皆さんの声になると宣言した。今日はこう宣言しよう。私は裏切られてきた皆さんの報復となる」。復権を「報復」になぞらえ誓った前大統領に、悲鳴のような歓声が飛んだ。

獄中ライブ

トランプは二〇二四年の選挙勝利直後から、連邦議会襲撃犯らに対する恩赦の方針を示した。トランプがそうした方向に傾くのは、例え獄中にあっても考えを曲げない襲撃犯らの深い忠誠心があった。

二〇二三年三月のまだ少し肌寒い風も吹く首都ワシントン近い刑務所前。午後七時ごろ獄中からの野太い声が、大人の背丈ほどもある大型スピーカーを通して響いた。

「私は無実の政治犯だ。米政府の陰謀で閉じ込められている。今のバイデン政権はまるで中国の習近平のようだ」。声の主は四十九歳のピーター・シュワーツ。

スピーカーの前には、二十人ほどの支援者が集まっていた。支援者は二十代の若者から年金暮らしの人々まで様々で、みんなでジュースやお菓子を持ち寄り談笑しながら開始予定時間を待った。刑務所前でなければ、夜のピクニックといった雰囲気だ。

シュワーツは獄中演説を続け、仲間たちに向けて語りかけた。

「二〇年大統領選の勝利者はトランプだ。しかし今の政府が我々を刑務所に閉じ込めている。一月六日の襲撃事件は民主党が仕組んだ罠で、トランプは我々の保守的な価値を守った。我々はトランプが言ったように、これからも勝ち続ける、米国を我々の手に取り戻そう。そのためにも君たちのような人々がもっと必要だ」

支持者らによれば、この刑務所では収監者が一定時間、携帯電話を使って外部と通信することが許されている。〝獄中ライブ〟は、シュワーツの釈放を求める市民グループが二二年八月から頻繁に開催してきた。

溶接工だったシュワーツは、連邦議会襲撃事件で警察官に対する暴行容疑などで逮捕された。彼の犯行は多くの現場動画にも残されていた。しかし彼は、有罪評決を受けた後も一貫して違法行為を否定した。さらに「トランプ当選を覆し政権を不当に奪った民主党によって濡れ衣を着せられているとしている」と自身を政治犯に位置付けていた。

集会に参加していた六十歳の男性ランス・リアンはニューヨークから駆け付けた。司法当局がシュワーツを訴追したのは「トランプが政治的にカムバックするのを妨害するためだ」と確信していた。そしてこう強調した。「バイデン民主党政権が司法省など政府機関を政治的な武器として利用している。私はあの日、議事堂にいた。暴力は一切目撃しなかった」

当日の細部について質問すると、リアンが議事堂近くにいたのは間違いないようであった。議事堂やその周辺敷地は広大であり、居場所によっては暴力を目撃しなかったというのは嘘ではないだろ

首都ワシントン近い刑務所前で、連邦議会襲撃で逮捕、収監されたピーター・シュワーツを支援する集会に参加した人々

う。しかしそれがシュワーツ無実の証にはならない。何度その点を指摘しても、リアンは自分の考えを曲げなかった。こうしたところが陰謀論者に共通する厄介な特徴だ。信じ込んだ理屈の中に閉じこもってしまうのだ。

主催グループの一人で四十二歳のジャスティン・ジョンソンは、ワシントンの刑務所には襲撃事件に関与した二十六人が収監されていると話した。グループが支援する服役囚は百人を超えており、ジョンソンは政治が各事件の背景にあると憤りを感じていた。

「彼らは法律が定めた適正手続きも否定されている。こんなことは米国始まって以来の人権侵害だ。全員釈放まで活動を続ける。監獄にいる政治犯に対して君たちのことは忘れていないと伝え続けたい。それに一月六日、議会周辺には、フェイクニュースが言うような白人至上主義者もいなかった」

集会は続いていたが、刑務所の規定で外部との会話は十分程度に制限されていた。シュワーツが「共産主義者が米国の価値を破壊し、中国やキューバのようにしようとしている」とライブを締めくくると、参加者は刑務所に向けて国歌を斉唱し、何本もの大きな星条旗を振り続けた。

ジャスティン・ジョンソンによれば、二二年から続く一連の獄中ライブには、連邦議会襲撃事件で、下院議員の事務所に侵入しようとして議会警察に射殺されたカリフォルニア州の女性、アシュリー・バビット（当時三十五歳）の母親も参加していたという。バビットはかつて空軍に勤務していたこともあり、トランプや陰謀論者らは彼女を「選挙が盗まれたことに怒って連邦議会に乗り込んだ真の愛国者」と称賛した。

ジョンソンら支援者の声は、政界にも響いている。共和党最強硬派の女性下院議員、マージョリー・グリーンも三月上旬、この刑務所を訪問した。グリーンも収容者らを「法的な適正手続きを否定された政治犯」と擁護した。

グリーンはジョージア州選出で、陰謀論を広める勢力「Qアノン」信奉者として知られる。Qアノンは会員制交流サイト（ＳＮＳ）で、民主党の有力政治家らを悪魔崇拝の小児性愛者などとする根拠のない陰謀論を拡散、これと戦うのがトランプだと主張している。トランプからは「将来の共和党のスター」と称賛される間柄だった。トランプ支持者の中からは一時、「グリーンを第二次トランプ政権の副大統領に」との待望論すら生まれた。

グリーンは南部ジョージアで実業家として成功し二一年一月に政界に転身した。相次ぐ学校の銃乱射を「銃規制派によるなりすまし事件」と主張し、民主党議員の殺害を支持する発言をするなど問題議員として知られる。一八年ごろには、Qアノン信奉者の投稿に触れ「4ちゃんなどに出ている情報は結果として真実であることが多い」などと動画で主張していた。「4ちゃん」は、日本でも利用者が多い5ちゃんねるの米国版で、Qアノンもここが発祥とされる陰謀論者のたまり場的なネットフォーラムだ。

また反ユダヤ主義的な主張のほか、二〇〇一年の米中枢同時テロで国防総省への旅客機墜落を否定するなど、陰謀論も繰り返した。こうした発言が原因で、グリーンは下院でけん責決議を受けたが、その際にも「本当のがんは弱い共和党員。トランプ氏は去っていない。われわれは引き下がらないし絶対に諦めない」とツイッターで応酬、トランプの後ろ盾を誇示していた。

ワシントンの連邦地裁は、シュワーツに対して禁固十四年の刑を言い渡している。同事件では最も重い刑を受けた一人となった。

恩赦への期待

シュワーツらの希望は、トランプの復活とともに刻々と現実味を増した。二〇二四年十一月の大統領選でトランプが勝利すると、議会襲撃犯として収監された人々に向けて嵐のような祝福の声がSN

Sで上がった。そしてトランプ自身が彼らの希望にこう答えた。十二月八日放送のNBCテレビのインタビューでのことだ。

司会者「あなたは二一年一月六日に連邦議会を襲撃した人々に恩赦を与えると約束しました。その約束をまだ実行するつもりですか」

「そうなるだろう。彼らは十分に苦しんできたからね。その一方で、左派の連中はポートランドなどで裁判所を破壊した。ポートランドでは人が殺された。シアトルでも人が殺された。しかし左派メディアは友好的な抗議活動だと主張する。まるで戦争のように街が燃えていたのに、(実行犯に対する)おとがめはなしだった」

トランプはまた恩赦の実行は就任初日になると述べ、連邦議会襲撃事件と自分との関係を調査した下院特別委員会の議員らに対しては「刑務所に行くべきだ」と、政敵への報復も誓った。調査した民主党のトンプソン下院議員や共和党の元下院議員リズ・チェイニーといった名前を挙げ「彼らはうそをついた。大きな罪を犯した」とも主張した。

こうした動きは十分に予想されたもので、バイデンはトランプが敵視する政治家や元政府高官を政治的な動機に基づく訴追から守るため、「予防的恩赦」を与えることを検討していた。チェイニー以外には、トランプを「ファシスト」と呼んだとされる米軍の前統合参謀本部議長マーク・ミリー、国立アレルギー感染症研究所長を務め、新型コロナウイルス対策でマスク着用やワクチン接種の重要性を訴えてトランプと対立したアンソニー・ファウチらが検討対象となった。

新興の陰謀論

極右の陰謀論を広める勢力「Qアノン」には固定された組織や指導者が存在しない。この世には世界を裏で操る勢力が存在し、小児性愛にふける悪人が存在するという陰謀論を信じる人々の緩やかなオンラインサロンだ。彼らはトークショー司会者オプラ・ウィンフリーや俳優トム・ハンクスなど米国の有名人のほか、ローマ教皇フランシスコやチベット仏教指導者ダライラマら宗教指導者もそうした闇の組織の一員だと信じている。二〇一六年に政府の高官を名乗る人物「Q」が闇の政府の存在をネット上で暴露し始めたのが起源とされ、信奉者の数は不明だが、虚偽の拡散を理由にフェイスブックが閉鎖したアカウントは数万に達している。

中西部ウィスコンシン州ミルウォーキーで開かれた共和党大会で、連邦議会襲撃事件で逮捕、収監された「政治犯を解放せよ」とメッセージを印刷したＴシャツを見せる男性

Qアノンが注目を集めるきっかけになったのが、「ピザゲート事件」だ。二〇一六年、大統領選の最中に、

首都ワシントンにあるピザ店、コメット・ピンポンが児童の人身売買や性的な虐待行為の拠点になっているとの情報がネット上で広がった。発端は当時の民主党候補ヒラリー・クリントンの選挙参謀の一人のメールデータがフィッシングによって流出したことだった。メールの中にはクリントンら民主党関係者が人身売買に関与しており、このピザ店は悪魔崇拝の隠れ家にすらなっているとの偽情報がネット上の交流版に掲示された。これをインフォウォーズなどの保守メディアが報じ偽情報はさらに拡散していった。

一六年十二月四日、これを信じたノースカロライナ州に住む二十八歳の男が「コメット・ピンポンにとらわれている子供たちを救うため」として同店を襲撃、店内でライフルを三発発射した。幸いけが人はおらず、男は警官隊に投降した。この男は取り調べに対し銃撃が行き過ぎだったことは認めたが、人身売買がでっちあげであった事実は認めようとしなかったとされる。こうした荒唐無稽な陰謀論は以前、米国社会の周辺部やネット世界にとどまっていた。それがなぜ最近は現実の中にまで浸透を始めているのだろうか。

先に触れたように、Ｑアノンには教義や特定組織はない。それ故に変幻自在な部分が多く、誰かが多数の興味を引くような内容をネット上でひけらかすと、一気に拡散、肥大を始める特徴がある。その加速度を付けるのがピザゲート事件でみられたように、政治にまつわる陰謀論だ。米国には政府に対する不信感が根強く、米中央情報局（ＣＩＡ）の非合法活動など現実がそれを助長する土壌が元々あった。「トランプが秘密の使命を帯びて、闇の政府や勢力と密に戦っている」といった稚拙な話が

Ｑアノン信者の間で広く共有されているのもこのためだ。

ピザゲート事件犯人の動機はＱアノン信者に名指しされたピザ店から子供たちを助け出したいというものだった。すると、一部の信者は二〇年大統領選挙前にインターネット上を中心に、貧しい子どもを支援する非政府組織（ＮＧＯ）「セーブ・ザ・チルドレン」を装っての支持拡大に乗り出した。

ツイッターなどのＳＮＳでは二〇年春以降、「＃セーブ・ザ・チルドレン」のハッシュタグ（検索目印）を付けた投稿が目立つようになった。一見子どもを守るような内容が多いが、陰謀論に誘導されることがある。投稿の大半はＮＧＯ関係者ではなく、Ｑアノン信奉者によって行われている疑いが強いのだという。本物の国際ＮＧＯを「隠れみの」に社会への浸透を図ったとみられた。

急増する投稿を受け、セーブ・ザ・チルドレンは関連を否定する声明を発表した。ツイッターやフェイスブックは関連する投稿やアカウントの削除に着手したが、「誰がＮＧＯ関係者で誰が陰謀論者なのか見分けるのは難しい」（米紙）というのが実態だ。

トランプは大統領現職時代Ｑアノンに関して質問を受けると「彼らは自分を支持しているようだが、（実態に関しては）何も知らない」と述べるだけで、その後も非難発言は回避してきた。

二〇二〇年大統領選挙の結果に抗議する各地の集会などで頻繁に目撃されていたＱアノン信奉者。存在感を高めるＱアノンについて、連邦捜査局（ＦＢＩ）は「国内テロ予備軍」と見なして警戒を強めている。

陰謀論の拡大に重要な役割を果たしているのが、フェイスブックや交流サイトなどのソーシャルメディアだ。個人が自由に発言できる利点は、偽情報も容易に取り込むことができてしまう諸刃の剣として人々の判断能力を傷つけてもいる。

そして新興メディアの隆盛と対照的なのが、地方に根を張ってきた伝統メディアの衰退の姿だろう。米国では各地の新聞や雑誌が大変な勢いで消滅している。メディア分析で評価が高い米ノースウエスタン大の調査「ローカルニュースの現状　二〇二二年」によれば、二〇一九年から二三年の間に全米で三百六十以上の新聞が発行を停止した。

ニュースの砂漠

報告書をまとめた同大客員教授ペネロペ・アバナシーは報告書の中で「これは我々の民主主義と社会にとっての危機」と警鐘を鳴らした。全米にある行政単位である郡の七％に当たる二百十一郡で地元紙が存在しない「ニュースの砂漠地帯」となっており、今後もその傾向は続く。そうした地域では住民の政治的な参加意識が育たず「投票率は低下し、汚職が増加する」傾向があるという。

インターネットメディア「ＶＯＸ」の記者エミリー・セント・ジェームズが優れた分析記事を掲載している。二〇一八年とやや古いものの、その視点は今のメディア事情と陰謀論をうまく説明できている。ジェームズはトランプが初当選した二〇一六年以降、彼の支持者らの取材を重ねてきた。「地方の白人有権者と話をしていて、主流メディアの記事について議論するのが驚くほど困難であることが分かった。それは（保守に寄り添った報道姿勢で知られる）ＦＯＸですらそうなのだ」という。

「全国メディアが提示する事実は、地方の有権者が見ている事実と食い違っており、彼らは全国メディアの事実を否定する」とジェームズは考える。そして、彼らが信じているのは人種差別主義に根差したヒステリックな陰謀論であり、先に紹介した保守メディア「インフォウォーズ」の著名な陰謀論者、アレックス・ジョーンズが展開した「三百万人の不法移民が近年の選挙で投票している」という主張がその一例だ。

なぜそうなってしまうのか。

広大な国土に三億五千万が住む米国が抱える特殊事情がある。ジェームズが指摘したのは報道と現実の〝ずれ〟の問題だった。「かつてないほどのヘロイン乱用を目の当たりにしてい人々が、全国メディアが統計に基づいて米国の犯罪率が下がったと報じる、と報じたら（メディアに対して）疑いを抱くだろう」

またニューヨークやワシントン、ロサンゼルスなど都会に拠点を置くメディアが雇用問題で米国の主流になりつつあるサービス産業にスポットライトを当てるが、地方でのサービス産業は、大手スーパーやホテル従業員としての稼ぎで、長い間地方を支えた工場や炭鉱などの仕事から得られた給料と比較してわずかな額にとどまっている。

以前はこの〝ずれ〟を信頼できるローカルメディアが埋めることができた。全国で犯罪率が低下しているのは事実だが、〝我々の住むこの町では違法薬物の密売が歴史上最悪のレベルに達している。

町当局の対応強化が待たれる〟といったまっとうな分析が新聞やラジオで提供されていたはずだ。

二〇二一年にギャラップ社とナイト基金が実施した世論調査によると、一九年に全国メディアを信頼すると答えたのは三一％だったのが二一年には二七％に低下、対照的にテレビやラジオを含むローカルニュースを信頼すると答えたのは、四五％（一九年）と四四％（二一年）でほぼ変化なく、全国メディアと比較して高い信頼を維持していることが分かる。

しかし、ニュース砂漠地域ではそれが起きない。ニューヨークやロサンゼルスは極端だとしても、数百キロ離れ経済も社会も事情が違う州都のメディアが遠くから記事をインターネット上で流すだけだ。ジェームズはこうした状況が広がることについてこう分析した。

「全国的なニュースと地方の現実との間に横たわる溝は、明白な虚偽の噂があふれ正しい情報が無視される環境を作り出す。格差が人種差別的な風説の流布を可能にしているわけではないだろうが、溝やずれはそうした風説に対する必要な対抗手段を破壊している」

忍び寄る極端な思想

米ニュースサイトのポリティコは、米国の地方メディアと選挙の関係を詳細に検証した。対象としたのは、トランプと民主党候補だったヒラリー・クリントンが対決した二〇一六年大統領選挙で、全米約三千百郡のうち二千九百郡の選挙区を調べた。その結果、トランプは伝統的なメディアが存在しない地域でより高い集票能力を発揮していたことが明確に示された。トランプが選挙期間中に根拠なく繰り返した移民や犯罪率、失業問題についての主張を地元メディアが検証し、間違いを指摘できる地域では、そうでない地域に比べトランプの強さは発揮されにくかったという統計が示された。

新聞の購読やオンライン購読者の割合が上位一〇%の郡は、下位一〇%の郡に比べ、トランプではなくクリントンを支持する可能性が二倍だった。さらにトランプの得票率は、新聞を購読している家庭の数に応じて低下する傾向があった。ある郡では新聞を購読している世帯が一〇%増えるごとに、トランプの得票率は平均〇・五ポイント低下した。

地元紙を購読しなくなった人々は、減っていく無料記事からニュースを得ることができる。また主流メディアやイデオロギー・メディア、あるいは誰も内容を確認保証できないウェブなど、何百もの情報源から記事を共有することもでる。そうした中、ツイッターは二〇一二年から一六年の間にユーザー数を倍増、フェイスブックは一二年にほぼ収支トントンだったのが、一六年には百二億ドルの利益を計上し、大統領候補の主要な組織化ツールとして台頭した。

ポリティコは二つのケースを挙げた。

アリゾナ州ユマ郡はメキシコと国境を接し、失業率が非常に高い（一七年十一月時点で一五・七%）というトランプの牙城となるにふさわしいいくつかの特徴を備えていた。しかし同郡の有権者は新聞など伝統的な情報源からニュースを入手する傾向があった。郡の新聞ニュース購読率は全世帯の四〇%を超え、全米の郡の中でも上位四分の一に入る。基本的に共和党が強いこの郡では、二〇一二年大統領選挙で共和党のミット・ロムニーが民主党のバラク・オバマを一三ポイント差で破ったが、四年後の選挙でトランプはクリントンと五ポイント差にすぎなかった。

一方、南東部ノースカロライナ州ロベソン郡は州で最も貧しく、ユマ郡と似たような経済状況だが、新聞購読率はわずか九％だった。ロベソン郡は民主党の伝統的な牙城であり、民主党の登録有権者数は共和党の四倍以上であった。一二年にはオバマが五八％対四一％でロムニーを圧倒した。しかし、一六年にトランプはクリントンに四ポイント以上の差をつけ勝利した。

一二年選挙に比べてトランプが優勢となった原因について、地元紙「ファイエットビル・オブザーバー」の幹部は、同紙が主要な購買地域の読者を意識しニュースの重点をロベソン郡以外に置いたためではないかと語った。

地元紙の編集者や記者はその土地に住んでいる。読者と同じ教会に通い同じ学校のＰＴＡを務める。地元事情にも明るく読者を理解している。たとえ全米に関わるニュースでも、地元紙が伝えるニュースは信頼度の検証を経て掲載されると読者も感じることができる。

また投票を前に行われる候補者による各種討論会でも、地元紙が討論の議題の決定に関与することができる。紙面と合わせ政治的な関心の相乗効果を地元メディアとして作り出すことができるのだ。

しかしそうしたメディアが凋落する傾向が続いており、ポリティコもＶＯＸ同様に「信頼できるメディアが存在しない空白を、ソーシャルメディアと党派性の強い別のメディアが埋めている」と分析した。

議会襲った普通の市民

連邦議会襲撃事件は、米国社会の現状についてもう一つの重要な変化も浮かび上がらせている。それは意外な犯人像と嫌悪の政治の拡散だ。

議会襲撃犯の典型的な背景は①地方在住②若い③無職や低所得④極右組織メンバーというのが当初のイメージだった。トランプの岩盤支持層の姿にも通じるからだ。数千人とみられる襲撃、侵入グループの中には、プラウド・ボーイズなど極右組織から数百人が混じっていたとみられていた。

ところが、シカゴ大社会科学部の研究グループが事件から約一年かけて、それまでに逮捕、訴追された容疑者のうち約二百人の背景を調査したところ、全てが予想と違っていたのだ。

まず、彼らの年齢層は三十五歳から四十四歳が最も多く約三二%、次が四十五~五十四歳の約二四%で、二二%の二十五~三十四歳を上回った。五十五歳以上も約一二%いた。白人率は九四%で男性が八六%だった。

定職を持つ容疑者の割合は約八五%で、無職は九%に過ぎない。定職者のうち約二七%がホワイトカラーで、中小企業を含め経営者の割合は約一三%に上った。またプラウド・ボーイズやオースキーパーズなど主要な極右組織メンバーは逮捕者の約一〇%にとどまった。暴力犯罪組織メンバーはわずか一%だったという。

さらにトランプ支持者が多い農村部より選挙自体ではバイデンの得票が勝った都市部に居住してい

る容疑者らが多かった。職業も花屋から弁護士、役者、会社経営者など多彩で、生活に困って鬱屈したエネルギーを襲撃で爆発させたといった一般的な予想は裏切られたと言っていいだろう。

要約すれば、確信犯的な反政府勢力である極右ではなく、普段は社会生活を問題なく送る〝普通の人々〟が、あれだけの破壊的行為に走ったということになる。

シカゴ大グループは報告の中で襲撃事件を引き起こした社会の構成要員について「単なる極右組織の集合体ではなく、暴力を核心に置いたより広範囲の大衆運動だ」と分析した。さらに、その動機の背景には差別感情に基づく「人種置き換え論」があるとしている。「置き換え論」は本来米国で優位にある白人が、その座を他の人種に奪われているという危機感に基づいている。

テロや政治的暴力問題に詳しいカーネギー国際平和財団研究所の上級研究員レイチェル・クラインフェルドは、こうした実態について「かつて米政治の外側にあった暴力が、主流政治の内側に入りつつある」と警鐘を鳴らす。報告書は「貧困、失業対策や極右組織メンバーの拘束といった従来型の暴力犯罪対策はもはや通用しない」と分析、「社会の主要な部分に広がる不満を和らげる政策が必要だ」と指摘した。

深刻なのは、この議会襲撃事件後に続いた一連のトランプ起訴を経て、制度に対する不信や暴力容認の傾向が一層深まったことだ。

二三年六月にトランプが私邸への機密文書持ち出し事件で起訴された前後に同グループが実施した世論調査では「民主主義の危機」が懸念される結果が出た。二三年三月以降の一連の起訴を「民主党による二四年大統領選挙への事前介入」とする訴えが効果を発揮し、調査では、「トランプを再び大統領の座に就けるためであれば、暴力は容認されるか」という質問に対し肯定派が急増した。

四月上旬の時点で同じ質問に対しイエスと答えた割合が四・五％であったのに対し、六月八日に機密文書持ち出し事件で連邦大陪審がトランプを起訴した後の調査では、七％に増加している。わずかな数字に見えるが、同グループが人口割合に応じて実数を推計したところ、こうした考えを持つ人が一千二百万人から一千八百万人に増えたことになる。政治的な目的でテロを実行する者が存在する現実を前にすると、千八百万人という母数は確率論的には絶望的に多い。ＦＢＩや国土安全保障省が米国内でのテロを国家への脅威と位置付けるのは当然の判断だ。

シカゴ大報告は、これ以外にも「米国の民主主義が抱える脆弱性」を数字で明示した。「トランプとバイデン、どちらが民主主義への脅威となるか」との設問に、約五二％がトランプと答えた半面、バイデンと答えた人も三三％に上った。

約七七％が政治的暴力の問題を民主党と共和党の超党派で解決すべきと答えた点は多少の安心材料だが、シカゴ大グループが強調したのは、選挙への信頼度の低下だった。選挙が米国の根本的な問題を解決するかどうかに関する質問で、否定的だった人の割合が二〇二二年九月を含め二三年六月に至る計四回の調査で増加傾向が見えた。推定人口では初回が一億一千万人だったが、二三年四月と六月には一億三千―四千万人に上った。これだけの人数の市民が選挙の力に疑問を抱くのが今の米国の姿だ。

第五章　陰の主役は神

神に従って投票を

筆者は連邦議会襲撃事件の前後、議会から西に二キロほど離れたホワイトハウス周辺を取材していた。その際に目についたのは、多くのキリスト教団体のメッセージだった。トランプ集会には付き物の巨大な星条旗や「Make America Great Again（米国をもう一度偉大に）」といったプラカードに交じって、殺気立ったムードとは相容れない「イエス・キリストが救う」といったプラカードが、ここかしこにあった。

これ以外にも、「イエスは救世主であり、トランプは大統領である」と書かれた旗など多くの宗教的なメッセージを掲げる参加者らの姿もあった。襲撃後の議事堂内では、襲撃者の一部が成功を神に感謝する祈りを捧げる姿が撮影されていた。なぜ暴力と篤い信仰心が手を組んで、米民主主義の中枢を襲ったのか。その答えは「クリスチャン・ナショナリズム（キリスト教愛国主義）」という潮流にあった。米国の宗教右派研究者によれば、その源流は米国の奴隷制時代にまで遡り、南部諸州で黒人奴隷に対する自由白人の優位性の理屈づけに利用された。二十一世紀に至るまでの間、南北戦争で勝った北部による支配や共産主義、イスラム教徒と、それぞれの時代に合わせた敵を見つけながら生き残ってきた。長い間注目を集めることはなかったが、二〇一六年にトランプが大統領に勝利する前後から活動が目立つようになった。

宗教右派に分類され米国民の二—三割が属するとされるキリスト教福音派は、圧倒的にトランプ支持者が多いことは良く知られている。公共宗教研究所（ＰＲＲＩ）調査では、特に白人層の福音派の約六割が「選挙結果はトランプから盗まれた」と信じ、四人に一人が愛国者による暴力を容認していた。

この問題に詳しいインディアナ大・パーデュー大インディアナポリス校准教授のアンドリュー・ホワイトヘッドは、議会襲撃事件を「クリスチャン・ナショナリズムによる宗教行事だった」と位置付けている。彼らは襲撃事件を肯定する傾向が強く、ホワイトヘッドは、クリスチャン・ナショナリズムが類似事件発生の思想的な原動力になる恐れを指摘する。

クリスチャン・ナショナリズム信者は、米国は神によって選ばれた特別な国家であり、政府は米国がキリスト教国家であると宣言すべきだと考えている。宗教分離に異議を唱え、信仰心と愛国心を両立させた思想だ。特に白人層にこうした傾向が強いため、穏健派組織「クリスチャン・ナショナリズムに反対するクリスチャン」はクリスチャン・ナショナリズム教会を、政治的暴力を推進する危険な勢力と位置づけ、「排外主義や白人至上主義、暴力主義を内包する」と分析している。

准教授のホワイトヘッドに改めて話を聞くと、以下のような分析をしてくれた。

―なぜ宗教と愛国が結びつくのか。

「欧州大陸からの最初の移民は白人のキリスト教徒で、この二要素が米国人の国家意識に深く根を下ろした。やがて非白人で異教徒の黒人奴隷や先住民迫害について正当化が必要になると、人種と宗教による階級付けが利用されるなど、社会システムと宗教の結びつきが深まった」

―現状はどうか。

「神に従って投票を」とトランプ支持を訴える女性（西部ウィスコンシン州ミルウォーキーで開かれた共和党大会で）

「米国人約三億人のうち一六〜二〇％がキリスト教愛国主義を支持するとみられる。多数派ではないが、キリスト教的な米国を守るためとの強い意識で投票率も高く、政治的影響力も強い」

―なぜトランプ前大統領を支持するのか。

「力を求めているからだ。トランプは『君たちが求める社会実現のための力を与える』と約束した。トランプに信仰心があるか、キリスト教徒であるかどうかですら、あまり関係ない」

―連邦議会襲撃事件との関係は。

「キリスト教愛国主義は事件の重要な一部で、参加者が十字架を背負ったり、祈りをささげたりする姿が目撃された。『トランプは大統領であり、キリストは救世主』と書かれたTシャツを着た参加者もいた。トランプの大統領職は神の意思であり、民主主義がそれを阻害してはならないという主張だった」

―再発を懸念する意見が多い。

「キリスト教愛国主義者による暴力は議会襲撃が初めてではなく、自分たちが望む国家を守るためには、暴力を行使すべきという考え方も非常に強い。民主主義にとって明確な脅威だ」

礼拝が政治集会に

取材を続けると、その名も「愛国者教会」という新しい教会が、南部テネシー州東部に存在することが分かった。

愛国者教会は牧師ケン・ピーターズが、二〇二〇年九月に同州ノックスビル郊外で始めた新しい教会だ。教義は福音派に近いとされるが、ピーターズは特定宗派には属さない熱烈なトランプ支持者だ。発足から一年半で支部数をゼロから五カ所に増やすなど急成長している。取材を申し込むと、意外にあっさりと受け入れてくれた。

ノックスビルから車で西に三十分ほどフリーウェーを走りレノアシティに入る。住宅がまばらになる草原と林の間の街道をしばらくして抜けると星条旗が屋根一杯に描かれた「愛国者教会」が姿を見せた。

ログハウス造りの建物はバスケットボールコート一個分程度の大きさで、午前十時には二百人近い

南部テネシー州ノックスビル郊外にある愛国者教会前に立つ牧師ケン・ピーターズ

信者らが集まり日曜礼拝を待っていた。コーヒーやクッキーを手にして皆笑顔で挨拶を交わし、礼拝前の世間話に興じていた。予想通りほぼ全員が白人だ。

電子ピアノの曲に合わせた賛美歌に続き、ピーターズの説教が始まる。五〇歳近いという年齢を感じさせない力強さで続いた礼拝は二時間を超えた。前半は聖書の解説、後半に進むにつれて予想通り政治的な主張が色濃い内容となった。保守的な米国民が懐疑的な目を向ける新型コロナウイルス予防ワクチンの強制や、同性カップルの婚姻、教育現場での性教育など、バイデン政権を含めリベラルな政治家が推進する諸政策を「米国を悪くしている」と批判した。

ピーターズは「アンティファ（極左の反ファシスト運動）や政治家は米国を救えない」と力を込めた。またこうした政治問題に口をつぐむ一般の教会を「名目だけの信仰の場だ」と批判。「イエス（キリスト）自身、ユダヤ教の古い体制を批判してローマ帝国によって磔にされたではないか。イエスが政治的でなかったというのは間違っている」と教会の政治関与の正しさを強調した。
「教会が特定政治家を支持してはならないなどということはない」と続けた牧師ピーターズの紹介でマイクを持ったのが、二〇二二年十一月のテネシー州下院議員選に立候補する予定だという男性モンティ・フリッツだった。政治家経験がないという自営業のフリッツはトランプばりの「私は政治家ではないし、政治家にはならない」が売りだ。

「ホワイトハウスの馬鹿どもがこの国を駄目にしている。我々の価値観は攻撃されている。嵐は迫っている」と熱を込めた。

そして十一月実施の中間選挙での支持を訴えた。フリッツの演説が熱を帯びるにつれ、信者たちの表情も真剣になり、時折大きな声で「その通りだ」と賛同の声援が飛んだ。

内戦は近づいている

フリッツの演説ですっかり政治集会と化した礼拝を取材している際に気になったのは、この「我々は攻撃されている」という言い回しだった。

二〇年大統領選挙でトランプの選挙集会を取材すると、彼はスタジアムに集まった聴衆に向けて度々こう言った。「外には悪い奴らがいる」

その瞬間、聴衆からは自分たちを取り囲む「敵」に対するブーイングの大合唱が湧くのがお決まりのパターンだった。スタジアムの外には反トランプ集会。内側には同じ価値観を持つ仲間がいるが、外にいる敵がその価値観を奪おうと取り囲んでいる、そんな感覚だ。集団が共有する錯覚と言ってもいいだろう。保守派世論の心情操作に長けたトランプはもちろんこの性質を存分に利用した。彼は選挙戦の集会演説などで、「外の連中は偉大な米国を盗もうとしている。バイデンは神に逆らう」とライバルの民主党をこき下ろした。

もう一つ大事なフレーズがある。トランプ派参加者や保守強硬派に話をするときに何度も耳にしたのが「奪われる」という言葉だった。彼らは移民に職を奪われると言う。また銃を持つ権利を左派に奪われると言う。非キリスト教徒に信仰を奪われると言う。そしてこうした価値観を守り抜くためには非常手段もやむを得ないと考える人々が増えているのは、世論調査の数字が示す通りだ。

先述の准教授ホワイトヘッドも「同じ価値観を持つコミュニティに閉じこもる宗教右派は、そのグループを守るために死を覚悟しても戦おうとする傾向がある」と指摘している。

教会を離れたフリッツから話を聞くと、彼の思いは演説同様に真剣だった。「私は左翼の悪い影響に侵食されていないこのコミュニティを守りたいのだ」と繰り返した。フリッツはその後、中間選挙で民主党候補を圧倒し、念願の州下院議員の座を射止めた。早速、教育機関への銃の持ち込みを容易にするテネシー州法の改正案を共同提案したり、〝憲法違反〟と見なされる連邦法を無効化できる州法を提案したりするなど、独自の保守路線を邁進している。

ピーターズは過去の説教で左派を「悪魔に操られている」と指弾してきた。同じ国民でありながら、悪魔の手先と位置付けてしまっては、融和や共存の道を見つけるのは困難ではないか―説教後のインタビューで、筆者がその点を尋ねると、一瞬間を置いて深呼吸、「難しい」と認めた。また「このままでは、内戦になるだろう」と表情を曇らせてから「もちろん、本当の内戦を望んでいる訳ではない。しかし自衛のためには戦う」と付け加えた。話を続けると、彼自身がワシントンの連邦議会襲撃事件を起こしたデモに参加していたことが分かった。「もちろん暴力には関与していない」と言う。だが、彼は事件当日、自身のツイッターで「私たちの目の前で愛国者たちが議会に突入した」と投稿している。

また教会のフェイスブックを覗くと「魂のために戦い、国家のために戦う」「内外の（左翼の）敵から憲法を守る」という教会側によるメッセージや、銃の権利擁護、メディア批判、マスク強制反対など攻撃的な文言であふれていた。中にはトランプが戦車の上に立ち、戦火の中を敵に向かって突き進む戦闘的な姿を描いた旗を背にほほ笑む信者の写真も投稿されていたほどだ。

どんな質問にも穏やかにそして丁寧に答えるピーターズは、壇上に立った時も時折冗談交じりで信者らを飽きさせず、聖書の教えを説いた。拳を振り上げ〝聖戦〟を叫ぶファナティックな説教師タイプではない。二〇二〇年の大統領選挙は「左派に盗まれた」と固く信じているが、トランプについては「離婚や女性問題があり完璧なクリスチャンではない」と冷静に分析しているのが印象的だった。「それでも、同性婚や人工妊娠中絶問題、クリスチャンにとって重要な聖地エルサレムを巡る対イスラエル政策など、彼ほど我々の価値観を守ろうとした政治家はいない。彼以上の候補は今どこにもいない」

と話す。政治的目標を掲げる教会としては、トランプの人格的問題も認識しながら、政治家として頼らざるを得ない複雑な事情を明かした。

信者らとも話をすることができた。筆者はアジア人で彼らの多くが不信感を抱く主要メディアの人間だが友好的だった。今時の米国では珍しい白人率ほぼ一〇〇%の場でも、居心地の悪さは感じなかった。暴力を容認すると指摘されるクリスチャン・ナショナリズムだが、少なくともこの教会に関しては、（不法移民の排除は訴えながらも）人種的な差別意識が信者らを突き動かすことがないことは肌感覚として理解できた。

彼らにはキリスト教的な価値がないがしろにされる社会では自分たちの中心価値である信仰が脅かされると感じている。米ギャラップ社の調査では、「神は絶対に存在する」と確信している米国民は二〇〇五年には七九%もいたが、わずか一二年後の一七年調査では六四%に急落している。神の存在を疑う潮流は彼らにとって最大の脅威だ。

この教会に魅力を感じて西部カリフォルニア州から越してきたという男性信者は「リベラルが多いあっち（カリフォルニア）では言いたいことも言えなかった。今は自由を感じるよ」と笑顔を見せた。中年の女性信者はこの日唯一見かけたアジア系の顔付きで、「私は日本の岩国で生まれた」と自己紹介してくれた。岩国基地に属していた米国人の父と日本人の母の間に生まれ、日本名は「マリコ」だ。なぜこの教会を選んだのかと聞くとこう答えた。「この国はどんどん悪くなっている。対処するにはこういう教会が必要なの」

二人に共通していたのは、左派が幅を利かせる場所や彼らの文化からは距離を置きたいという意識だった。これは偶然に過ぎないが、教会があるレノアシティは、第二次世界大戦中、広島原爆に使われたウランの製造施設が秘密裏に建設されたオークリッジからわずか二〇キロ南にある。国家の最高機密であった原爆計画にオークリッジが選ばれた理由の一つが、当時は地理的にも社会的にも隔絶された地域で秘密保持に好都合とされたことだった。

二元論　正義か悪魔か

二〇二〇年十一月の大統領選挙でトランプが敗北して以降、ワシントンではいくつものトランプ派抗議集会が開かれた。宗教と政治の関係に詳しい法律家アンドリュー・シーデルが集めたデータによれば、それらの集会には主要なクリスチャン・ナショナリズムの推進者らが必ず登壇し、トランプの大統領職維持に向けた運動の宗教的意義を強調。中には敵対勢力への「宣戦布告」をする牧師もいた。善悪二元論の中で、悪と戦闘するのは義務ですらあると感じる信者がいても不思議ではない。

キリスト教右派には信仰の篤さ故に絶対に譲れない一線があり、リベラルがそれを踏み越えるのは許せない。シーデルの調査では、白人至上主義の傾向が強い極右組織プラウド・ボーイズの創設者はキリスト教が他の全ての価値観に勝ると信じている。現代では政治と宗教の分離は民主主義国家の大前提であり、それを覆そうとするクリスチャン・ナショナリズムについて、前述「反対するクリスチャン」代表のアマンダ・タイラーは「民主主義を破壊する脅威だ」として警鐘を鳴らす。

連邦議会襲撃事件が起きた一月六日、米国と世界の目はワシントンに釘付けになったが、同じ時刻ごろ中西部ミシガン州の州都ランシングでは、宗教と暴力の危険な融合を示す光景があった。トランプの勝利を主張するグループ、プラウド・ボーイズと宗教グループが合流、高さ四メートルはあろうかという巨大な十字架を立てる姿が確認されている。この場面では暴力事件に発展はしなかったが、「プラウド」の一部メンバーはサングラスに迷彩服姿、散弾銃などで武装、銃弾も持ち歩いている姿が、当時のニュース画像で確認できる。ミシガン州では、民主党の州知事グレッチェン・ウィットマーによる強制的な新型コロナ予防対策に保守派市民が反発、武装民兵組織による知事誘拐未遂事件も起きた。

これほどまでに宗教右派が勢いを獲得する背景には、米国が抱える矛盾も影響している。米国では憲法によって政教分離の原則が確立しており、修正条項の冒頭、第一条で「国教を定め、または、自由な宗教活動を禁止する法律」について制定してはならないと規定している。しかし現実はどうか。公共の学校では正式な授業時間に祈りなど宗教行事を行うことは禁止されているが、実際には守られてはいない。大統領からしてその就任演説で、聖書に手を置いて宣誓する。民主党のバラク・オバマも二〇〇九年一月の就任演説で平等や自由、幸福追求を「神から与えられた約束だ」と述べ、それを踏襲した。

リベラル派は宗教分離の原則を死守しようと躍起だが、保守派は宗教と政治の垣根を無くそうと血道を上げている。米国では結局、政治と宗教を完全に分離することはできないし、近い将来矛盾が解決される見通しもない。

第六章　増幅する憎しみ

嫌悪し、否定する

米国民の間で深まり続ける分断の理由の一つが、嫌悪の政治だ。相手への嫌悪感に引きずられて支持を選択する「否定的党派性」(Negative Partisanship)が広がっている。

否定的党派性は、民主党がよりリベラルに、共和党がより保守に傾く一九九〇年代から目立ち始め、共和党のトランプ前大統領が政権を握って注目されるようになった。アリゾナ大准教授のシンシア・ウェバーは「支持政党を政策や候補で決めるのではなく、対立する政党が嫌いだといった理由で決める」と分析した。

テレビ広告では自分の政策への理解を求めるよりも、ライバル候補の欠点をあげつらうネガティブキャンペーン(中傷攻撃)が常態化して久しい。党派問題に詳しい別の専門家は「政治家は相手の政党に対する恐怖や怒りを駆り立てるだけで選挙に勝利し、権力を維持できる」と指摘する。

もう少し詳しくその経緯を振り返ろう。米国は十九世紀の南北戦争を含め、価値観や利害の対立を内包した国家だが、現在に続く否定的党派性の根は、一九五〇年代に遡ることができる。四五年に終わった第二次世界大戦の最たる勝利者となった米国は、戦後の解放感に包まれながら自由を軸とする理想追及へと突き進んだ。現在のリベラル派が求めた価値観に沿った法律や判決が相次ぎ、公立学校での祈祷禁止(六一年)で政教分離の方向が強まり、黒人を中心とする公民権運動の中、公民権法の成立(六四年)、最高裁が中絶を憲法上の権利と認める判決(七三年)が出される。

さらに六〇年以降は非白人の移民も急増したことで、価値観が対立する中、「伝統的な価値観が奪われる」という保守派の反発をくみ取ったリチャード・ニクソンやロナルド・レーガンが共和党の保守政党としての立場を確立していく。その過程で課税を悪と見なし小さな政府を善しとする経済保守や、同性愛や人工妊娠中絶、銃規制に反対する社会的保守が一つになっていった。キリスト教愛国主義もこうした保守層市民らの思いが相互に共鳴して生まれたと言っていいだろう。

政治潮流がリベラルから徐々に保守へと変化し、一九九二年の共和党大会で、党保守派のパット・ブキャナンが米国の現状について「国がどのようになるかにとって死活的に重要な文化戦争（Culture War）だ」と宣言、そしてニュート・ギングリッチを中心とする共和党保守派が党内で影響力を獲得する。九四年の中間選挙でギングリッチは、減税や犯罪対策の強化、財政赤字削減などの諸政策を包括的に盛り込んだ公約集「米国との契約」を発表、リベラルに対する攻撃的な選挙キャンペーンを展開し四〇年ぶりに上下両院の多数派を奪還した。

ギングリッチの革命

「保守主義革命」とも「ギングリッチ革命」とも称されたこの成功体験を背に、ギングリッチが民主党に対する非妥協的、攻撃的なスタイルを確立したことが、現在の否定的党派性の導火線となった。彼のやり方は「陰謀論や妨害に満ちた党派的な攻撃の先駆者であり、米国の政治文化を毒し永久的な機能不全をもたらした」（アトランティック誌）と評された。

否定的党派性がはびこる分断の現状を、少し別の角度から俯瞰するのが、米国におけるトライバリズム（Tribalism）だ。あたかも政治的信条が国民を別の部族のように分断しているという分析だ。

米サウス大副総長のルーベン・ブリガティは、フォーリン・アフェアーズ誌で独自の分析を展開、かつてアフリカ連合（ＡＵ）大使などとして、主に途上国の紛争などを調停した経験を元に、米国の現状を部族主義がはびこっているとの認識に立って、「本来であれば外国からの介入が必要な状況だ」と分析した。ブリガティは政治における部族主義を「政治とアイデンティティをベースとする集団主義」と定義付けた。

米国では人種や宗教、門閥、地域といった「基層のアイデンティティへの厳格な中世が政治生活を形作る原理」となっており、二〇二〇年、「大統領選挙キャンペーンは、より優れたアイディアを競い合うというより、まるで異なる部族間の抗争のようだった。有権者は政策への関心ではなく、アイデンティティに基づく党派主義の立場をとった」としている。

強まるヘイト

国民の間で増幅する憎しみの感情を裏付けるデータが、米連邦捜査局（ＦＢＩ）がまとめた「ヘイトクライム（憎悪犯罪）」統計だ。それによると、米国内で二〇二一年に発生したヘイトクライムは九千六十五件で二〇年と比較して一一・六％増加した。二一年の件数のうち六四・五％が被害者の人種が動機となった。動機では同じように性別や宗教が理由だった。新型コロナウイルスの感染被害が拡大した二〇年以降、こうした人種問題が背景とした犯罪が増えており、全米各地でアジア系の住民らが次々と標的になった。

元々ウイルスが中国を起源とするとされていた上、対策の遅れや医療体制の不十分さから世界で最悪クラスのコロナ禍に見舞われたため、トランプは新型コロナウイルスを「中国ウイルス」と呼んだ。これによって二〇年二月ごろからアジア系住民への差別的な言動や嫌がらせが急増した。

特にアジア系が多いニューヨーク州やロサンゼルス州に被害が集中。ニューヨーク市警は二一年十二月、同年に市内で発生したアジア系へのヘイトクライムが百二十九件で前年一年間の四倍以上に急増したことを明らかにした。

人種が動機とみられる事件でも、警察側が現場での差別的発言などの明確な記録が欠けると憎悪犯罪として扱わず、単なる暴行事件などとして処理することも多い。実際の憎悪犯罪数はさらに多いとみられている。政治的な憎悪感情が犯罪の現場にも飛び火した現象の一端だ。

政治と価値観の分断が深刻化した影響で、米国人は政治に関して話すことをためらうようになっている～そんな傾向も世論調査で浮かび上がった。

二〇二二年十月にニューヨーク・タイムズ紙とシエナ大が実施した世論調査では、米国人の約五人に一人が、政治信条が原因で友人関係や家族関係が傷ついた経験があると回答した。

また民主党支持者や無党派層のそれぞれ約二〇%が交友関係に政治問題が影響すると答え、共和党支持者の約一四%を大きく上回った。民主党支持者ほど、相手の政治的な立場を重視している実態が浮かぶ。さらに回答者の約半分は、相手がどの政党を支持するかなどで、「その人物が良い人間か悪い人間かが分かる」と答え、政治=人格と信じるほどにまで米国人の意識が固定化されつつあることも浮き彫りになった。

さらに二〇二〇年二月にピュー・リサーチ・センターが発表した調査では、約四五%が「政治について知人らと話すのをやめた」と回答した。話をすると答えたのは約五四%だった。

「やめた」と答えた割合が多かったのは民主党の中でもリベラル寄りの人々で、共和党の中では保守的な人々が多かった。中道や穏健派は政治について話題にすることを厭わないが、意見がぶつかりやすい左右の極端な信条の層は、反対側にいる人々との政治対話を避けていた。

こうした調査からうかがえるのは、深い分断を抱えながら、双方との対話や歩み寄りの努力すらできなくなっている米国民の姿だ。

中絶が深める対立

調査対象になった問題の中で、具体的に国内テロが起きており、今後最も懸念されるのが、人工妊娠中絶をめぐる対立だ。中絶の憲法上の権利を否定した二二年六月の最高裁判決後、中絶の是非を巡国民議論が沸騰し、分断は深まる一方となっている。

宗教右派などを中心とする保守派は中絶を胎児に対する殺人に等しいとみなしており、左派は女性に中絶するか否かの選択の権利を保障すべきだと主張している。

米国民の記憶に刻まれている暗い記憶は、一九九八年一月にアラバマ州で起きたテロ事件だ。一月二十九日の午前七時半、中絶手術を行う同州バーミンガムの女性クリニック入口近くに置かれた爆弾が爆発し、三十五歳の警備員一人が死亡、四十一歳の看護師一人が重傷を負った。置かれていたのは手製爆弾で、花束に偽装されていた。犯人はキリスト教保守派の狂信的な信者の男で、この事件を含む複数の爆破事件で終身刑を受けた。

中絶権利の擁護団体「全米中絶連合」の調査報告によれば、統計を取り始めた一九九七以降、中絶を施すクリニックや医師ら関係者の殺害が十一件発生、爆発物を使ったテロ行為が四十二件、放火は二百件、襲撃が五百三十一件、クリニック侵入が四百九十二件、盗難などが三百七十五件起きている。脅迫も増加傾向にあり、二〇二二年だけで計二百十八件が確認された。

こうした犯罪行為のほとんどは、キリスト教保守派の中絶を絶対悪視する考えに傾倒する者たちとみられる。彼らはインターネットの憎悪サイトなどを使って交流しており、暴力行為をそそのかすメッセージを多数投稿し合っている。中には「中絶支持派をやっちまう時だ。奴らは魔女」「中絶クリニックは燃やしても大丈夫」「中絶クリニックを爆破する時」など悪質な投稿も増えている。

胎児の生命を尊重すると主張する一方で放火殺人すら示唆する彼らの行為は矛盾に満ちている。さらに事態を複雑化しているのが、連邦最高裁による中絶の権利否定で、左派がこれに反発している。連邦議会襲撃事件の容疑者プロフィールを分析したシカゴ大グループ報告によれば、「中絶の権利を取り戻すためには暴力が許される」と考える割合も増えており、分断された双方の緊張が高まっている実態も浮かんでいる。

議長宅襲撃

米西部サンフランシスコにある下院議長で八十四歳のナンシー・ペロシの自宅に二二年十月二十八日未明、男が押し入り、同い歳の夫ポール・ペロシを襲撃した。警察は殺人未遂などの容疑で男を逮捕し、計画的犯行だと明らかにした。米メディアによると、ナンシー・ペロシは不在で、男は「ナンシーはどこだ」と叫んで室内を歩き回っていた。ナンシー・ペロシは不在だったが、ポールは頭蓋骨骨折の大けがを負うことになる。

下院議長は大統領権限の継承順位が副大統領に次いで二位の要職だが、民主党のナンシー・ペロシは共和党のトランプの宿敵で、トランプ支持者らによる議会襲撃でも主要な標的の一人となった。バイデンは襲撃を「卑劣だ」と非難し「政治的な暴力は、もうたくさんだ」と訴えた。男は四十二歳でカナダ国籍の容疑者デービッド・デパピ。警察官が午前二時半ごろにペロシ宅に駆け付けにらみ合いになった直後、デパピは侵入時にも使ったハンマーでポールの頭部を殴打した。デパピも負傷し、病院に運ばれた。ペロシはワシントンにいて無事だった。

米メディアによると、デパピはトランプ信奉者で、トランプが敗北した二〇年大統領選は不正だったとする主張を擁護する情報をフェイスブックに投稿していた。ポールは容疑者が自宅に侵入後、風呂場に隠れて警察に通報。容疑者に気付かれないように通話状態を保ち、状況を知らせていた。

地元裁判所は、略取誘拐未遂などで起訴されたデパピが侵入した際の映像や逮捕後の供述を公表した。デパピは襲撃の目的について「暴君と戦うためだった」と話した。

デパピは、俳優トム・ハンクスや大統領バイデンの次男ハンターも襲撃する計画だったと供述した。ハンクスは二〇年大統領選でバイデンの選挙資金集め会合に参加したほか、二一年の大統領就任式で特別番組の司会も務めた。デパピは政治を巡る「腐敗の全て」を話し合うためロサンゼルス近郊に住むハンターを拉致する計画を立てていた。標的にはペロシ、バイデンと同じ民主党のカリフォルニア州知事ギャビン・ニューサムも含まれていた。ニューサムはポスト・バイデンの呼び声もかかる有力知事だ。

米ツイッター（後にXに改名）を買収した企業家イーロン・マスクが、襲撃事件に関する「陰謀論」をツイッターで拡散し、数時間後に削除する騒ぎも起きていた。

二〇一六年の大統領選で民主党候補だった元国務長官ヒラリー・クリントンが、デパピは共和党が拡散する「嫌悪と倒錯の陰謀論」に誘発されたとツイートしたところ、マスクは、事件には裏事情が隠されている「わずかな可能性がある」と返信する。さらに酒に酔ったポールと男娼とのけんかだとする記事のリンクも投稿した。

記事の配信元のサイトは過去にも虚偽情報を流したと批判されており、マスクのツイートは数時間後に削除されたが、既に十万人以上が「いいね」の反応をしていた。マスクは数日前にツイッターの買収取引を完了し、言論の自由の擁護を買収理由に挙げ、不適切投稿の削除やアカウント停止などの規制を緩和する意向を示していたばかりだった。

陰謀論信奉者の共和党下院議員マージョリー・テイラー・グリーンは、マスク発言を巡る報道に反応して「ポール・ペロシが友達に暴力を受けたことについて、マスクが〝ネット上で誤った情報を流した〟とメディアに批判されている」と投稿した。ポール・ペロシとデパピが知人関係にないのは事件発生直後に明らかになっていたが、グリーンは「トランプ大統領とロシアの関係について、長年陰謀論を売ってきた左翼活動家の主流メディアがマスクを批判している」と主張した。

この他ツイッターにはマット・ウェルシュと名乗る人物が「バークレーのヒッピーがやったことを、右翼の民兵のように描くのは馬鹿げている」と投稿したが、有力共和党上院議員のテッド・クルーズは、これに対し「真実だ」とツイートした。

問題なのは偽情報をマスクや連邦議員ら著名人らが拡散していたことだろう。トランプ信者や右派メディアしか信じない人々が受け取った瞬間に、偽情報は〝主要メディアが報じない隠された真実〟としてさらに拡散される事象を引き起こす。彼らが拡散した情報に反応して、ツイッターやテレグラム上ではポール・ペロシ襲撃事件は「左派による自作自演」との書き込みが殺到した。偽情報は生体を脅かすウイルス並みの感染力を持っている。

コロナ対策は暴君の所業

古い電気工事店の地下に居候していた三十五歳のアダム・フォックスは、政府の新型コロナウイルス対策に憤りを募らせていた。

全米でコロナによるロックダウンが進んでいた二〇二〇年春、フォックスはSNSでそうした不満を抱えた〝同志〟たちと交流を続け、六月六日、オハイオ州ダブリンで集会を開いた。集まったのは近隣州などからの十三人。彼らは当初、コロナ対策のように国民の生活に対する政府の干渉から逃れるための結社を創設しようと話し合う。

彼らの目には、過剰なコロナ対策を行う連邦政府や各地の州政府の諸政策は自由を保障する米国憲法違反だと映ったのだ。

うち何人かはそうした「暴君」たちを「やっつけるべきだ」と主張し、フォックスは仲間を増やすべく、ミシガン州で活動する武装民兵組織にコンタクトした。フォックスにとって不幸だったのは、この組織が既にFBI（連邦捜査局）の監視下にあったことだった。

彼とその仲間たちは二〇年十月までに逮捕、その後起訴された。起訴状によれば、フォックスらは、ミシガン州で厳しいコロナ対策を敷いた女性知事のグレッチェン・ウィットマー（民主党）誘拐を計画、軍事訓練を重ねていた。

「暴君のあばずれ女（Tyrant Bitch）」。フォックスはウィットマー知事をこう呼んで、憲法違反と国家への反逆罪で知事を人民裁判にかける計画を具体化していく。

フォックスの隠れ家は、電気店の地下で、入口は廊下のカーペットで隠されていた。そこでの作戦会議では、知事の別荘を襲撃、警備の警察官を火炎瓶で制圧するなどの計画を立案する一方で、知事別荘を偵察、仲間の自宅の敷地で射撃訓練を実施していた。

誘拐と人民裁判を「愛国者の行為」と位置付けたフォックスだったが、その準備を含め、ＦＢＩが潜入させた情報提供者によってほぼリアルタイムで犯行を補足されていた。彼は仲間内での発言で「あの女（ウィットマー知事）が持つ権力は制御できなくなっている」と正当化していた。

ウィットマーは二四年の大統領選挙への出馬も噂された民主党ホープの一人で、トランプは新型コロナ対応で連邦政府批判を強める知事への不満から、「あの女」呼ばわりして敵視していた。ミシガン州では四月、感染拡大を受けた州の非常事態宣言への抗議集会が開かれ、銃を持った一部参加者が州政府の建物に押し入ったが、ウィットマーは譲らずに宣言を延長した。

幸い実行前にフォックスのほか四五歳のバリー・クロフトらと共に計六人が逮捕され、その後十人以上が訴追されたが、事件には政治的な背景があり、被告らにとって自由を侵害する知事の排除は、正当化されるべき政治的な目標であった。両被告とも有罪評決を受け十六―十九年の禁固刑を言い渡されている。

相次ぐ暗殺計画

英領・北アイルランドで英国の支配に抵抗し武装闘争を展開したカトリック系過激派アイルランド共和軍（ＩＲＡ）の幹部が、一九八四年に当時の英首相マーガレット・サッチャーの暗殺に失敗した際、英政府と治安当局に向けて発表した声明がある。

「今日、我々は運に恵まれなかった。しかし覚えておくがいい。俺たちは一度だけ運に恵まれればいいが、お前たちは常に運に恵まれなければならないのだ」

この言葉が意味することは、テロは何度でも実行することが可能で、何度失敗しても一度だけでもついていれば目的が達成される、ということだ。これに対して治安当局は常に運も味方につけて一〇〇％警備に成功し続けなければ、市民やＶＩＰを守り切れない。その事実をＩＲＡは皮肉交じりに指摘したのだ。

リンカーンやケネディ大統領暗殺事件を引き合いに出すまでもなく、レーガン大統領の暗殺未遂事件など、米国ほどＩＲＡの声明が当てはまる先進国はない。二四年選挙活動中のトランプも銃弾の軌道があと数ミリ変わっていれば、歴史は変わった。

前大統領バイデンに対しても暗殺の動きを示唆する事件が何度も起きている。最初の事件はバイデンが大統領に就任した翌月の二一年二月、南部ノースカロライナ州に住む十九歳の男がインターネットでバイデンの殺害を予告するメッセージを投稿、その後重機や弾薬を積んだ車でデラウエア州にあるバイデンの私邸に向かう途中、動向を監視していたＦＢＩに逮捕された。容疑者は大量殺人に興味を抱いており、車内からは高性能のＡＲ１５ライフルや爆発物、ナチス・ドイツの象徴であった手書きのカギ十字マークも見つかった。

二三年八月には、西部ユタ州でバイデンがユタを訪問することに言及し、迷彩服や狙撃銃を準備する必要があるとＳＮＳに書き込んだ七十五歳の男がＦＢＩに射殺された。男は書き込みを察知し捜索のため、バイデン遊説の日に家を訪れたＦＢＩ捜査官に抵抗したとみられる。

いずれの事件も成功に向けての緻密な計算に欠けた稚拙な犯罪計画だったと言えるだろう。それでも暗殺はＩＲＡが指摘したように、確率論が勝者を決める。何度も繰り返されれば、〝一度は運をつかむ〟恐れがある。その試みは現在、米国ではびこる政治目的の暴力を容認する気風がなくならない限り続いていくだろう。

第七章　嘘と分裂

議員の大脱走

夏を迎えたワシントンの蒸し暑さも、連邦議事堂がそびえる丘の上に立つと幾分和らぐ。二一年七月十三日、緑の芝生を前に、テキサス州の〝脱走議員〟たちは、額に汗を浮かべて民主主義の危機を訴えた。彼らは文字通りテキサス州を逃げ出して来たのだった。

議事堂を背に記者会見に臨んだラファエル・アンチアは「共和党は議会プロセスを毒した。州民の投票抑圧法案には徹底抗戦する。民主主義を脅かす大きな嘘には屈しない。ワシントンに来るのは簡単な決断ではなかった」と訴えた。

アンチアが言う「嘘」とは、二〇年大統領選挙の際、テキサスで大規模な投票不正があったという保守派の主張であった。そうした事実が存在しないことは、実は州の共和党側が認めていたことだ。テキサスは共和党が知事と州上下院だけでなく選挙を司る州務長官も握っていた。

選挙の公正さについてはこの州務長官自身が「二〇年大統領選挙は円滑で安全だった」として確認していた。ただし彼は、選挙不正論を主張してこの発言を問題視した共和党議員らから任期の延長を事実上拒否されて二一年三月に退任していた。

州議会の上下院に提出された法案は、ドライブスルー方式による投票や二十四時間の投票受付けなどを制限。さらに郵便投票を選択する際には、運転免許や社会保障番号を提出することなどを求めた。「投票をより厳格化することで、不正行為を未然に防ぐ」というのが名目であったが、これらの制限によって影響を受けるのは不法移民らだけではない。基本的な身分証すら持たない低所得層の有権者も疎外されてしまう恐れが多い。

さらにこうした人々は自家用車を持っていなかったり、勤務中には投票時間を工面できなかったりするため社会的な自由度の低い有権者だ。民主党支持者が多い黒人や中南米系の労働者たちが投票制限の標的にされたのは明らかであった。

しかし、議会少数派の民主党がどれだけ反発し抵抗しても数の力で押し切ろうとする共和党側に対して勝ち目はなかった。このため、議員らは奇手を講じた。テキサス州の議会規定を逆手に利用したのだ。

規定は法案可決に当たって議員の三分の二の出席が必要だとしている。このために州議会の下院では百五十人中百人の出席、上院では三十一人中二十一人の出席が必要となる。下院では民主党議員が六十七人いたため、もし五十人が出席を拒めば審議が成立しないと踏んだ民主党議員団は、極秘に州を脱出しワシントンへ飛んだ。

テキサス州に限らず、トランプの「大統領選挙に大規模不正があり、盗まれた」という主張は、瞬く間にある種のブームを作り出していた。これを利用する形で共和党は「選挙の正当性を守るため」と称し全米各地で一斉に選挙制度改革に着手した。ただし「改革」の名の下に進んだのはテキサスの例のように、事実上、黒人ら少数派や貧困層、移民系市民ら民主党支持者が多い層の投票制限であった。このため、テキサス民主党議員による脱出劇は、民主党や人権団体、選挙監視ＮＧＯらから強い関心を集めていた。

脱走議員らに対し、テキサス州知事のグレッグ・アボット（共和党）は、州法違反による逮捕状の執行すら示唆したが、議員らはこれを無視してワシントンに籠城を続けた。脱出・籠城は約四十日間続いた。選挙不正論に乗った共和党を批判するキャンペーンが一定程度成功したと考えて民主党議員団は結局、テキサスに戻り審議再開に応じた。民主党の法案修正要求を蹴った共和党側は、ほぼ原案通り、選挙法改正を実現させこの問題は決着した。

規制強化

シンクタンク、ブレナン公正センターによると、二一年に入って全米五十州のうち四十九州で四〇〇以上の投票権制限法案が提出され、この年の十月下旬までに少なくとも十九州で計三十三の選挙関連法などが成立した。両党の激しい対立を経てテキサスは米国でも最も選挙規制が厳しい州の一つとなった。

共和党がなりふり構わず法改正に突き進んだ背景には、新型コロナウイルス禍による投票の変化があった。

調査機関ピュー・リサーチ・センターの調査では、コロナ禍の中で実施された二〇年大統領選で、バイデンに投票した有権者のうち五八％は郵便投票などを利用し、投票所には直接出向かない投票を選択する傾向が顕著となった。一方、郵便投票でトランプに投票した有権者は三二％とその差は歴然としていた。二二年の中間選挙と二四年の大統領選挙をにらんで巻き返しを図る共和党は、ここを標的に徹底的に抑え込む戦略を取った。

テキサス州の民主党議員団が議会前で記者会見したのと同じ七月十三日、バイデンは、各地の共和党優勢州で続く非白人の投票権を事実上制限する州法制定の動きを主題に演説した。

「（奴隷制を巡り内戦となった）南北戦争以来、民主主義に対する最も重大な試練に米国は直面している」と述べた。演説の場は、独立宣言や合衆国憲法が起草された歴史にちなんで「民主主義発祥の地」と呼ばれる、東部ペンシルベニア州フィラデルフィアが選ばれた。

バイデンは南部州で人種差別や隔離を正当化した法律の総称になぞらえ「二十一世紀のジム・クロウ法による攻撃が現実のものとなった」と強調し「最も非米国的、非民主的、非愛国的だ」と批判した。ジム・クロウ法は奴隷解放後も十九世紀から二十世紀にかけて米南部に存在した黒人差別の諸法律の総称だ。バイデンは対抗措置として、民主党が連邦議会に提出した投票権保護の法案の成立が「国家的義務だ」と訴えた。反対する共和党には「共和党議員にも神聖な投票権を損なう行為を防いでほしい」と呼び掛けた。

複数の提出があった投票権保護の法案は、〝公民権運動の巨人〟と称され二〇年に八十歳で死去した黒人の元下院議員にちなみ「ジョン・ルイス投票権促進法案」としてまとめられ審議された。この法案の鍵は、公民権運動で一九六五年に成立した投票権法に各州などの投票に関する規則変更を阻止する権限の復活だった。権限は二〇一三年の最高裁判断で無効とされていたが、ジョン・ルイス法はこの権限を司法省に改めて与えようとしていた。

共和党側は南部州で進んだ制度改革について「投票権に脅威は与えていない」（共和党上院トップ、院内総務のマコネル）という立場を固く守った。法案は二一年八月下院（民主党が全員賛成、共和党は全員反対）を通過したものの、その後、民主、共和両党の勢力が拮抗する上院を通過できず、事実上廃案となった。

二二年秋の中間選挙を経て二三年一月に発足した第一一八回議会では、下院を共和党が掌握、法案復活はならなかった。

その後、共和党が目の敵にする郵便投票や時間外投票を制限する州単位の投票規制の動きが息を吹き返した。ニューヨーク・タイムズによれば、ネブラスカやオハイオ、テキサス、アラスカなど共和党が優勢な州で、州法改正の動きが活発化した。ネブラスカの場合、軍務に就いている有権者や老人ホーム在住者以外には原則として郵便投票を認めない法案も浮上した。

これらは「選挙の不正を防止する」という一見「錦の御旗」を掲げた運動だが、改正が選挙の公正さ維持とは無関係なのは明白だった。二〇年選挙に絡みトランプ陣営が起こした六十を超える選挙やり直しや開票無効確認訴訟が、事実上全敗したことが事実を物語っていた。

摩訶不思議な制度

二〇一六年の大統領選挙でトランプは最初の勝利を果たした。しかし、全米の総得票数を見ると、民主党のヒラリー・クリントンが二百八十万票もの大差をトランプに付けていた。

なぜこんな不可思議なことが起きるのか。それは、米国の大統領選挙が直接選挙と間接選挙の性格を併せ持つからだ。そこには、米国が模索を続ける「正しい民主主義の在り方とは何か」という問いが反映されている。

米大統領選は五〇州と首都ワシントンに割り当てられた大統領選挙人（計五三八人）の過半数（二七〇人）獲得を競う間接選挙だ。各州で最多票を得た候補がその州の選挙人全員を獲得する「勝者総取り」が原則となる。

合衆国憲法は、大統領の選出方法について、「各々の州は、その立法部が定める方法により、その州から連邦議会に選出することのできる上院議員および下院議員の総数と同数の選挙人を任命する」と規定している。下院議員数は州の人口に応じて決まるため、最多はカリフォルニアの五五人、最少はアラスカなどの三人と大きな差がある。

各選挙区では、一票でも多く獲得した候補者がその州に割り当てられた選挙人の数を総取りする。このために負けた候補に投じられた大量の票は〝死に票〟となる。死に票は当然のことながら、テキサスやカリフォルニア、フロリダといった大きな州になるほど大きくなる。例えば、二〇年大統領選挙でトランプが勝利したテキサス州では、バイデンに投じられた約五二〇万票が死に票となり、逆にバイデンが勝ったカリフォルニア州ではトランプに投じられた約五〇〇万票が死に票となった。

こうした現象は勝者総取り方式による弊害の一つと言えるだろう。総得票数で勝者と敗者が逆転する現象は度々起きており、大接戦となった二〇〇〇年の大統領選でも、共和党のジョージ・ブッシュが全米得票数で民主党のアル・ゴアを下回ったが、選挙人獲得数で勝利し、大統領となった。

総投票数という国民の総意が大統領選択に反映されないという弊害も含んだ選挙人制度は。本来、民主主義を守るための知恵でもあった。

一七八七年に作られた合衆国憲法の起草者たちが恐れたのは、米国が専制主義者らやデマゴーグ（扇動家）に支配される事態だった。初代大統領ジョージ・ワシントンやアレクサンダー・ハミルトンら憲法起草者は、有権者の恐怖や無知に付け込んだ人気投票で大統領が選ばれれば、たとえそれが公正な選挙だったとしても、米国が暴君の支配下に落ちてしまうのではないかと懸念していた。

ハミルトンは歴史に鑑み、共和国を転覆させる政治家は「扇動者で始まり専制者として終わる」と指摘していた。議論を経て起草者たちが編み出したのが「選挙人団」の仕組みだった。選挙人団は各州の名士らで構成され、彼らが大統領の選定に最終責任を持つようになった。現在では選挙人団は、選挙結果に縛られているが、当時は必ずしもそうではなく、選挙人団の判断によってその州の決定が左右されていた。一見、単純な総意をないがしろにするように見えた制度は、民主主義をろくでもない候補から守るための安全弁として発案されたものだった。

死に票の問題に加え、トランプ陣営が二〇年大統領選挙で集計を覆そうとした事件では、まさにトランプ陣営がこの選挙人団制度のあいまいさに付け込んだことが、捜査で明らかになった。近年の世論調査では、選挙人団制度を廃止、改良すべきとの意見が増えており、特に民主党支持者の間では顕著だ。世界で初めて大統領制度を作り上げ、常に専制を忌避してきた米国が陥った制度疲労をどう乗り越えていくのか、注視していく必要があるだろう。

平等がもたらす不平等

もう一つ米国特有の制度が州単位の代表権だ。米議会は上院（定数一〇〇、任期六年）と下院（定数四三五、任期二年）で構成される。下院は十年に一度実施される国勢調査に基づき、各選挙区に定数が割り当てられるが、上院はこの通り各州二人と決まっている。このため、日本で問題となっている一票の重みを巡る議論は低調だ。

そもそも国の成り立ちが特殊だ。各州はそれぞれの州政府を持ち、独自性を保ちながら公平な立場で連邦を構成するというのが米国の建付けだ。このため、代表権も公平であり、特に重要な上院議員の数も二人と憲法で規定されている。一方で、実際には最大州のカリフォルニアの人口は約四〇〇〇万人なのに対し、最小のワイオミング州に至っては約五八万人に過ぎない。人口と有権者数が比例すると仮定して単純計算すれば、その差は六九対一と日本で今日続く一票の価値議論から見れ

二〇二〇年十一月の大統領選の際、ホワイトハウス前に集まった反トランプ市民

ば、天文学的な格差になる。しかし、あくまで州単位での平等が重視されているために、真剣な改正議論が持ち上がるほど問題視はされていない。

一方で深刻なのが首都ワシントンＤＣの代表権だ。ＤＣ（District of Columbia）は特別区でありホワイトハウスや連邦議会、最高裁判所がある。市長が一定の自治権を持つが州ではないために、憲法に定められた上院議員が割り当てられていない。大統領選挙での選挙人はわずか三人ながら割り当てられているとはいえ、人口だけを見れば約七〇万人と、アラスカ州に次ぎ、ワイオミング州やバーモント州よりは多い。住民からは「歴史的経緯は理解するが、同じ米国人として納税の義務を含め公平に義務も果たしているのに、明らかに不当だ」という訴えをしばしば耳にする。もっともな意見だろう。

しかしワシントンＤＣに対する不公平解消には憲法改正も含む大議論が必至だ。共和党と民主党が一、二議席の獲得を巡り文字通り血肉の争いを展開している今の連邦上院では、共和党が絶対にＤＣへの上院議員配分を許さない。なぜならこの選挙区は、二〇二〇年大統領選挙（バイデンの得票率九二・一％、トランプ得票率五・四％）を見るまでもなく、民主党が圧倒的に強いためだ。大統領に次ぐ政治的発言力を持つ上院議員の選挙権を、七十万人もの市民が奪われたままの状態が続いている。

「直感」で認定拒否

西部ニューメキシコ州の南部オテロ郡は、人口六万程度の静かな田舎町だ。メキシコとの国境に近いオテロ郡の選挙管理委員、コーイ・グリフィンが全米にその名を知られたのは、二〇二二年夏のことだ。大き 目のカウボーイハットがトレードマークのグリフィンは、その六月に実施された州下院選挙の予備選結果に対する認定を拒否していた。

その理由は、予備選で使われた米・カナダの投票集計機大手「ドミニオン・ボーティング・システムズ」に疑念があるというものだった。投票用紙を機械ではなく人間が集計するよう求めたグリフィンは、明確な根拠は示さなかっただけでなく、「私の直感だ（My Gut Feeling）」と言ってのけた。

そのまま州内の各種選挙を管轄する州務長官の説得も拒否、その是非を巡って州最高裁の裁定を仰ぐ事態に発展した。結局三人の委員のうちグリフィンを除く二人の委員が賛成する形で選挙から十日遅れで認定がなされ、約七千三百票は危うく無効化を逃れた。

グリフィンは「トランプのためのカウボーイ」という組織を立ち上げ、二一年一月のワシントン連邦議会襲撃にも関与したとして、ちょうどこの選挙認定騒ぎのころに十四日間の禁固刑を言い渡されていたいわくつきの人物だった。彼はこの後、襲撃への関与を理由に、選挙管理委員など公職に就くことを裁判所命令で禁じられた。

また、ニューメキシコに隣接するアリゾナ州南東部コチセ郡では二二年中間選挙で似たような騒ぎが起きた。

選挙管理委員が投票集計機の正確性に疑義を呈し、ここでも選挙結果の認定を拒否した。嫌疑の根拠は提示できず、州務長官が裁判所に結果認定命令を求めた。

ニューメキシコ州務長官は、規定期日までに認定がなかった場合には、コチセ郡の投票が無効になると宣言しており、そうなれば、地元選挙区で接戦の末に勝利していた共和党候補が民主党候補に票差逆転で敗北する可能性があった。選挙否定派の暴走が、共和党候補を落選させるという歪んだ悲喜劇が現実に起きる可能性があったのだ。

チルドレン暴走

トランプの復活がなるか否か以前から、トランプによって培養された〝トランピズム（トランプ主義）〟は拡散されている。

その重要な要素の一つが、トランプ・チルドレンたち。トランプの主張に共鳴し政治スタイルをまね、トランプの支持を得て議員となった者たちだ。

最初の暴走が起きたのは、二二年中間選挙で共和党が多数派奪還に成功した後の連邦下院の議長選だった。

二三年一月三日、共和党にとって念願の下院議長選出に向け満を持して臨んだ新議会だったが、保守強硬派の造反が起きたために、下院共和党トップのケビン・マッカーシーが過半数の確保に失敗したのだ。

議長選は百年ぶりに再投票に持ち込まれ、計三回の投票でも決まらず休会入り、初日に議長を選出できない異例の事態となった。次は二〇二四年大統領選でのホワイトハウス奪還に向け、諸法案で民主党のバイデン政権に攻勢をかける構えだった共和党は出鼻をくじかれた。

議長選の一回目投票では民主党トップの院内総務ハキーム・ジェフリーズが二一二票、ケビン・マッカーシーが二〇三票だった。共和党の票が割れたために、新議会では少数派に転落した民主党に後れを取る結果となった。

その他の議員に入れた共和党の造反票は一九票に上った。マッカーシーは造反者の説得に当たったが二回目も同じ結果で、三回目は造反票が一票増えた。

造反した保守強硬派の議員たちは、会派の半数の賛成が必要とされる議長解任動議の提出条件について、党内少数派の発言力を高めるために議員一人でも提出できるよう規則変更を求めた。当初拒否していたマッカーシーは、議員五人での提出を認める妥協案を示して懐柔を図った。しかしこれも失敗、結局は一人でも解任要求できる案を呑んだ上に、主要な委員会メンバーを割り振るという要求にも屈した。

結局、四日にわたる十五回目で、定数四三五人のうち四二八人が投票、マッカーシーが過半数の二一六票、下院民主党トップの院内総務ジェフリーズが二一二票を獲得となり、マッカーシーは悲願の議長席を手にした。

最終日の議会内には怒声が飛び交い、造反議員に激高し詰め寄ったマッカーシー支持議員が、同僚の議員に羽交い絞めにされる場面もあるなど、下院共和党は醜態をさらした。

投票が十回を超えたのは一八五九年、南北戦争開戦前のことだ。米国の民主主義が歩んだ進歩の時計を一世紀半分、巻き戻してしまったかのような内紛劇を演じたのは、保守強硬派の中でもトランプ・チルドレンである若手議員だった。

そのうちの一人、最後まで抵抗しマッカーシー支持派に詰め寄られた強硬派議員が、前にも触れたマット・ゲーツだ。この騒ぎでもゲーツは「沼掃除に（沼に生息する）最大のワニを責任者にできない」とマッカーシーの議長選出に反対した。〝沼〟はワシントンにはびこる汚れた利権関係の象徴でトランプらが好んで使う例えだ。さらにその姿勢を強調するためにゲーツは奇手を繰り出す。「議長にはトランプ前大統領がふさわしい」と推薦したのだ。この時点でトランプは元大統領とはいえ、フロリダの私邸に引っ込んだゴルフ好きの老人に過ぎない。驚きと反発でざわつく議場をしり目に、ゲーツは「トランプ政権下は、共和党と民主党が協力する素晴らしい時代だった」と言ってのけた。

結局ゲーツを含む六人がマッカーシー議長選出に最後まで抵抗した。彼以外には下院の最強硬保守グループである「フリーダム・コーカス（自由議員連盟）」の会長だったアリゾナ州選出の議員アンディ・ビッグスやコロラド州選出の議員ローレン・ボーベルトらがいた。いずれも熱狂的なトランプ支持者で、「アメリカ第一主義」や「（米国を背後で操る）ディープ・ステートとの闘い」を政治信条に掲げている。

皮肉なことに彼らが議長選出に徹底抗戦したマッカーシー自身が、トランプとの関係構築にも腐心してきた議員だった。議会襲撃事件直後にはトランプに責任があると批判したものの、間もなく態度を一変させてフロリダ州の邸宅にトランプを訪ね、なりふり構わず忠誠心をアピールしたエピソードは政界の語り草だ。

そのマッカーシーが、トランプの分身たちに振り回された。トランプ本人は、マッカーシーの議長選出を支持しており、一連の騒動の中、下院に多いトランプ派にマッカーシー支持を働きかける形でキングメーカーぶりを発揮する思惑もあったようだ。その一方で、ゲーツやボーベルトのような突出したトランプ派が共和党の分裂を引き起こした。ボーベルトはトランプの政界工作を後目に、トランプは「もう支持票は得られない。撤退すべきだとマッカーシーに伝えるべきだ」と議場で発言。トランプの制御力すら及ばない暴走ぶりだった。

中絶と宇宙、党派対立の拡大

共和党保守派によるスタンドプレーはその後も続いた。二三年七月、上院で米軍高官人事の承認手続きが滞り、二百六十五もの案件が影響を受けたのだ。その原因はバイデン政権の施策に反発するたった一人の共和党上院議員による抵抗だった。

最も影響が大きかったのが海兵隊トップのポストで、司令官デービッド・バーガーが退任したが、後任に見込まれる副司令官エリック・スミスの手続きが進まず、司令官ポストが不在となる異常事態となった。折しも米軍は台湾海峡や東南アジアでの緊張を高める中国や、ウクライナに侵攻したロシア軍に対する抑止活動の真っただ中にあり、軍事戦略にも影響が及ぶ恐れがあった。

一連の人事を止めたのは保守的な南部アラバマ州選出の上院議員トミー・タバービルで、その理由は人工妊娠中絶を巡る政策だった。米兵が人工妊娠中絶を受ける権利を支援する国防総省の施策を問題視し、二月以降、承認手続きを拒み続けていた。

米国では二二年六月に連邦最高裁が中絶の憲法上の権利を否定して以来、保守的な州で中絶を厳しく規制する州法が相次いで施行されていた。政府の施策はこうした州で勤務する米兵が妊娠して中絶を希望する場合は、他州で中絶する際の交通費支給や休暇取得を認める内容だったが、タバービルはこれを「違法だ」と主張した。

タバービルは、大学アメリカンフットボールのコーチとして全国的な名声を獲得、トランプの支持をバックに二〇年の上院選に勝利した一年生議員だった。人工妊娠中絶の絶対反対以外にも保守強硬派の立場を貫いており、気候変動問題では「向こう四百年間、人間に影響はない」と言い切る。白人至上主義を容認する発言でも物議をかもしたことがあった。

八月には米海軍制服組トップの作戦部長が退任。既に空席となっていた陸軍参謀総長、海兵隊司令官のポストに続き、三軍のトップが形式的に空席となった。国防長官ロイド・オースティンは「前代未聞だ」と承認を訴えたがタバービルの抵抗は続いた。

米軍高官の人事案の大半は全会一致でまとめて承認するのが通例だ。二百を超える案件を一人ずつ賛成多数で承認するのは極めて困難であるという事情が、タバービルに付け入る隙を与えた形だった。中絶を巡る強硬保守議員によるたった一人の闘いが、世界最強軍の足を引っ張る形となった。

バイデン政権は、タバービルに対して痛烈な政治的制裁を下した。

人事問題が長引く中、国防総省は七月三十一日、宇宙空間での作戦計画や運用を担う宇宙統合軍について、恒久的な司令部を西部コロラド州コロラドスプリングズに置くと発表した。南部アラバマ州に移すとしたトランプ前政権の決定をバイデンが覆した。

宇宙統合軍は、米軍で戦略軍やサイバー軍などに続く十一番目の統合軍として二〇一九月に発足した重要部局。国防総省のライダー報道官は声明で「客観的かつ慎重に決定した」とし、ピーターソン宇宙軍基地があるコロラドスプリングズに司令部を置くことで「宇宙領域における最高の即応性を確保できる」とした。しかしこの言葉を真に受ける者はワシントンには一人もいない。

アラバマが混乱の事態の中心人物であるタバービルの地元だったからだ。日本の政治風土と最も大きく違う点の一つだが、米国では軍の基地誘致は地元選出議員にとって最重要課題。有権者にアピールできる成果の一つで、要するに票になるのだ。雇用から軍事関連企業の誘致や投資、さらには重要な基地を持つことの国民的なプライドと、その効果は計り知れない。

保守派にとって譲れない課題である人工妊娠中絶問題で民主党を責めるためだったとはいえ、最先端分野で成長が期待できる宇宙統合軍の司令部設置という巨大プロジェクトを逃す原因をつくったとなれば、タバービルの政治生命は危機的なダメージを受けるのは必至だった。タバービルは即日声明を発表「今日の悲劇的なミスは、この危うい大統領が犯してきた一連の誤った決断をさらに増やすものだ」とバイデンを非難。さらに「これほど軍の活動にダメージを与えた政権は過去になかった。軍を政治利用したのだ」と指摘した。

国家安全保障会議（NSC）の戦略広報調整官ジョン・カービーは、「軍の兵士がもし中絶規制が厳しいアラバマのような州に配置転換を命じられ、将来に不安を感じたら退官を選択するかもしれない。それは（軍にとって）才能の喪失につながる」と、中絶問題を逆手に取って、宇宙統合軍司令部をアラバマに置かない決定を正当化した。

タバービルは声明で「闘いは終わっていない」とバイデン政権の決定を覆す姿勢を示した。中絶から宇宙まで、米国の党派対立は壮大なスケールで展開された。

第八章　分断の小史

突き進む「お茶会」

バラク・オバマは、二〇〇八年大統領選で人種の壁を越え、一つの米国を目指す理想の鐘を高らかに鳴らして大勝した。その後、国民皆保険を実現する医療保険制度改革法案を成立させ、核兵器の廃絶を訴えるプラハ演説でノーベル平和賞を受賞するなど、新時代の風に乗って華々しいスタートを切ったが、輝きは長続きしなかった。

この年に始まったサブプライムローン問題が引き起こした深刻な金融、経済危機の傷跡は深く、景気低迷に苦しんだ。オバマ新時代への期待が高かった反動により、リベラルは危機の最中でも高給をむさぼる金融関係者を批判し「ウォール街占拠運動」に走る。またオバマが進めた大きな政府や社会の多様化を警戒した保守派は、〇九年秋「茶会（ティーパーティ）」運動に着手、全米各地に広がった。

ティーパーティが生まれた背景にあるのはもちろんオバマ政権への失望だけではない。その前のジョージ・ブッシュ政権（二〇〇一年―二〇〇九年）は、〇一年にニューヨークで起きたワールド・トレードセンタービルなどを標的に起きた中枢同時テロへの事実上の報復として始まったアフガニスタン戦争や、〇三年のイラク侵攻など他国への介入を続ける。また政府権限とそれに比例するように財政赤字を拡大するなど、小さな政府を理想とする保守派とは相いれない政権となっていった。ティーパーティ運動にはリベラル政治だけではなく、共和党指導部に対する異議申し立てという側面があった。

ティーパーティ（Tea Party）は、「小さな政府」を旗印に活発化した保守派運動で、歳出削減や減税、自由市場経済などを掲げ、オバマ政権の景気対策や医療保険改革を批判した。各地に点在する組織の緩やかな連合体で、単一の指導者や明確な統一目標があるわけではなかった。英国に反旗を翻して独立へ道を開いた一七七三年の「ボストン茶会事件」などにちなんで名づけられた。TEAには「Taxed Enough Already（もう十分に課税されている）」の頭文字、TEAというメッセージも込められている。支持者には白人の中高年が多く、高所得、高学歴といった傾向もある。保守派を自任する共和党支持者が多かった。

妥協を極端に排除する傾向が強く議会活動の障害となることもしばしばで、共和党内からも批判を受けて運動は少しずつしぼんでいくが、二三年一月の第一一八回議会（米議会には通し番号がある）下院議長選出騒ぎでも見られた少数強硬派が共和党を振り回す現象は、このティーパーティ系議員が先鞭をつけた。非妥協的で政治の素人であること、つまりワシントンの利害関係に染まっていないことを誇りとする。

運動はカリスマ性のある単一指導者を見出せず、運動は下火になっていったが、共和党議会の「フリーダム・ワーク」を経て、二一年の騒ぎで主役となった「フリーダム・コーカス」（自由議連）に引き継がれた。政府の干渉を極限まで減らそうとするリバタリアンの思想ものみこんだ運動が再興した。

二〇一五年一月に発足した同コーカスの創立メンバー九人以外は所属メンバーを明らかにしておらず、ホームページもない。招待された議員だけに参加資格がある他、会合や議事も外部には非公開としているなど、あたかも議会内の秘密結社的な性格を持っている。

創設メンバーで当初会長の議員ジム・ジョーダン（オハイオ州第四選挙区）は一六年七月、コーカスの性格を端的に表す以下の声明を発表した。「無数の米国人が忘れられており、ワシントン（筆者注・連邦議会）は自分たちを代表していないと感じている。我々フリーダム・コーカスは主に五つの法案実現によって、宗教の自由を守り、米国内外の脅威から守る」

五法案には声明通り、人工妊娠中絶に反対する医療従事者の保護、難民受け入れプログラムの一時凍結など極めて保守的な政策実現を目指していた。

調査機関ピュー・リサーチ・センターは、議員の投票行動や発言などから一五年時点で計三十六人を同コーカスメンバーと認定した。ニューヨーク・タイムズ紙は、二一年のマッカーシー議長選出に当初反対した二十人の議員を分析し、彼らの共通点を浮かび上がらせた。分析では実に十九人が同コーカスのメンバーか中間選挙でコーカスの支持を受けていた。また二十人の半数を超える十二人は、トランプが敗北した二〇年大統領選挙について「盗まれた」と公言し十七人が中間選挙でトランプの支持を取り付けていた。

なぜ下院共和党の一部でしかない同コーカスが議会全体を振り回すことができるのか。そこには米国議会にある独特なしきたりがある。米国には日本の政党のような党議拘束はなく、議員一人一人がそれぞれの考え方で各法案や決議案への賛否を決定する。このため二一年一月に始まった第一一八回議会のように多数派と少数派の差が小さい場合、過半数に至る余白が少ないため、フリーダム・コーカスのように結束が強く足並みをそろえる議会内グループが、党内でキャスティングボードを握ることができる。

フリーダム・コーカスの行動について興味深い分析をしているのは、オクラホマ大政治学部教授のレイチェル・ブラムだ。ブラムは同コーカスとティーパーティが目指した政治目標が類似しているとした上で、共和党内手続きの非民主性を指摘した。教授によれば、民主党には一九六〇年代以来の改革で多様な分派にも発言の機会が与えられているのに比較して、共和党にはそうした機会が少ない。政策決定もトップダウン式が多く、二〇年の大統領選挙で再選を目指すトランプを正式指名候補とした際には、綱領の採決すら見送られた。このため、党内で存在を示すために「フリーダム・コーカスが議長選出のような場を利用して発言権を示す必要を感じる」のだという。教授はそれを自らも傷つくことを覚悟で踏み込む「焦土作戦」に例えた。

南北戦争と黒人参政権

税制から医療制度、人権、国際関係にいたるあらゆる面で分断が深まる米国の現状は、緊張と対立をあおり、「第二次南北戦争」と呼ぶべき危険水域に近づいている。

奴隷制存続を巡り内戦となった本来の南北戦争は、黒人奴隷による綿花やタバコの大規模農園を主産業としていた南部と、工業が発達し自由な労働力を求めていた北部が相互に利害対立を深めたのが原因だった。

一八六〇年に北部出身で共和党のエイブラハム・リンカーンが大統領に当選すると、南部は連邦を脱退し「アメリカ連合国」を結成、六一年に戦争が始まった。

六十万人以上の犠牲者を生む米国最悪の内戦は一八六五年、北軍の勝利で終了したが、傷は現在でも癒えていない。南部諸州には今も連合国への郷愁や南軍を指揮した将軍らを敬愛する気風が一部で根強く残っている。

北部の勝利で南北戦争が終結した結果、奴隷状態からは解放された黒人の市民らだったが、白人と同等の権利を得るまでの長い道のりに最初の一歩を記したにすぎなかった。

最大の障害が参政権であった。戦後「合衆国市民の投票権は、人種、体色または過去における労役の状態を理由として、合衆国または州によって拒否または制限されることはない」とする憲法の修正第一五条が連邦議会で可決されると、黒人の有権者が南部で急増し、ミシシッピ州やルイジアナ州などでは、黒人が有権者人口の過半数を占めるまでになった。またアラバマ州やフロリダ州、ジョージア州などでは、黒人有権者が過半数に近くなった。

この時期、再建法などに基づく合衆国軍の監督の下、南部地域で黒人の有権者登録が積極的に推し進められた。米国全土に住む黒人男性のうち投票権を持つ人の割合は一八六六年にはわずか〇・五％

にすぎなかったが、二年後には八〇%を超え、南部の多くの州では、黒人による有権登録率が九〇%を超えた。

さらに黒人の投票率が極めて高く、戦争前まで奴隷であった黒人議員が州議会の四〇%を占めるケースも散見されるようになった。こうした状況に危機感を抱いた人々は、選挙のルールを変える手段を取った。

修正一五条が明確に人種を理由とした選挙権制限を禁じていたため、彼らは迂回路を模索した。各州の選挙権制限派は、一見中立的な基準に見える方法を採用したのだった。それは投票税や資産条件、さらには識字能力の試験など、当時の貧困層である黒人らがとても手の届かないレベルの要求だった。

露骨な制限法案

人口の過半数を黒人が占めていた南部サウスカロライナ州では、露骨な制限法案が存在した。一八八二年に導入された悪名高いエイト・ボックス法だ。

サウスカロライナ歴史協会によれば、この法律では投票箱が、知事や上院議員、下院議員など立候補の役職によって分けられていた。識字率の低い黒人たちは投票箱に書かれていた役職名を読むことができなかった上、規定によれば役職名と違う箱に投票された用紙は無効となることが決まっていた。

投票所の担当者は役職名を有権者のために代読することが義務付けられていたが、必ずしも実行されず、意図的に間違った役職名を読むこともしばしばであった。事実上の識字テストとして機能した投票方式によって文字を読めない有権者が選挙権を行使することはほぼ不可能になった。このために、サウスカロライナ州での黒人による投票は一八八〇年には五万八千票だったものが、エイト・ボックス法施行を経た八八年には一万四千人に激減した。同州での投票制限はさらに加速し、初めての有権者登録には「善良な市民」であることを示す宣誓書を二人以上の市民から得ることが必要となったり、投票税や識字試験が導入されたりした。

こうした諸制限を導入したのはかつて南軍の指揮官を務めた州議会員エドワード・マクラディだった。彼は有権者には資産を持ち教育を受けた白人である必要があると信じていた。実はこの人物、当のサウスカロライナ歴史協会会長を務めたこともあった。彼のために低下した黒人の投票率は長年戻ることはなく、相当数の黒人投票が戻ったのは、第二次大戦後だったという。

同様にテネシー州でも字が読めない黒人の投票を困難にする諸法律が一八八〇年代に導入された。州歴史協会の資料によれば、当時の民主党が主導したこれらの法律は、新規に投票権を得た黒人だけを制限する仕組みになっており、以前から投票していた白人層は対象とされていなかった。一方、投票税も導入されていた。テネシー州の場合は単年度制で、税を払わなかった場合でもその年の投票権を放棄すれば処罰を免れた。貧困層から投票権を奪うこの税への反対は長く批判されていたが、一九五三年に撤廃されるまで存続した。

憲法修正一五条で投票権を与えられた黒人の投票率は、南部諸州で一八〇〇年には六一％上昇したが、こうした事実上の投票権はく奪によって、一九一二年にはわずか二％に落ち込んでしまっていた。歴史を振り返ると分かるように、米国の民主主義は非民主的な状態からスタートした、あくなき理想追求のプロセスであった。二〇年大統領選挙後の選挙陰謀論の勢いを背景に全米で吹き荒れた選挙権制限の潮流に、市民団体や人権団体が一斉に猛反発したのは、こうした歴史的経緯と、逆戻りへの恐怖心が働いているからだ。

変化する二大政党

南北戦争後、勝利した北部の商工業者や労働者、解放された奴隷の支持を背景とする共和党が、政治の主導権を握った。このころの共和党はリベラル、対照的に民主党は南部白人を支持層とする保守的な政党であった。

両党の支持層が入れ替わるきっかけとなったのが、一九二九年の世界恐慌であった。米国の経済が大打撃を受けたにとどまらず、社会不安や農村の荒廃がすすんだが、共和党は打開策が打ち出せなかった。三二年の大統領選挙で民主党のフランクリン・D・ルーズベルトが当選すると、彼は恐慌からの復興と失業対策、国民生活安定に向けて大規模な公共事業を軸とする「ニューディール政策」を展開。

同時に農業の保護や労働者の団結権など権利擁護に努めた。

これらの改革により、北部の労働者や南部の農民、黒人らを民主党に引き付けられ、長い第二次大戦後を含む長期間にわたり米政治の主導権は民主党に移る。一方の共和党は、こうした民主党の優勢の状況を打破すべく南部の取り込みに立ち上がる。リチャード・ニクソンやロナルド・レーガンが南部から支持を集めることに成功。こうした経緯によって、民主党と共和党は支持母体をそれぞれが入れ替える形となった。

民主党はリベラル派が主要勢力で、都市部の白人労働者や黒人、中南米系（ヒスパニック）などを支持基盤とし、地域的には東部や西海岸で強い。そして共和党は「小さな政府」に比重を置く経済・財政政策を採用、銃規制や妊娠中絶に反対するなど保守色が濃い。産業界や富裕層を支持基盤とし、南部、中西部で強い。それぞれのシンボルマークと色は、民主党がロバと青、共和党はゾウと赤である。

しかし近年、民主党は都市部のエリート層の権益を守る政党とみなされるようになった。誤解も少なからずあるが、それがラストベルトを中心とするトランプ人気の高まりの背景を占めているのは事実だ。

第二次世界大戦後の米国一強時代ははるか遠い。一九八〇年代以降は日本を含め海外の企業に雇用や利益を奪われたと感じる人々にとって、気候変動やＬＧＢＴＱ権利、移民の人権擁護に血道をあげる民主党のあり方は物足りない。「目の前の貧困や犯罪、薬物問題を何とかしてくれ」というのが彼らの切実な要求だ。

今回、トランプは演説や広告でこうした疑問にひとつひとつ、分かりやすい形で答えを提示した。自分が再び大統領になれば、貧困をなくす、犯罪をなくす、そして海外からの薬物流入に終止符を打つと訴え、彼らの心をつかんだ。

もう一つトランプ復活の要因となったのが、ヒスパニック（中南米系）有権者の動向だった。調査会社エジソン・リサーチの出口調査によれば、トランプは全国平均で二〇年選挙時の三二％から今回は四六％と十四ポイントの驚異的な伸びでヒスパニック票を獲得した。

投票権を持たない人々を含めて、ヒスパニック住民らと話すと、コロナ禍を境に加速した経済的苦境への強い不満が一様に聞かれた。その姿は、ラストベルトに住む白人のトランプ支持者が、自らを語る際の〝忘れられた人々〟に重なる。

「彼らは極端な苦難に直面しながら、あまり救いの手が差し伸べられることはなかった」と指摘するのは、人種間の社会格差に詳しいアリゾナ大アシスタント・プロフェッサーのリサ・サンチェスだ。「コロナ禍でエッセンシャルワーカーと位置付けられながら、現業職に就くが故に、他の社会グループと比較して解雇対象になり、家族や友人にコロナで死ぬ人が多かった」。

百万人の国民を死なせたコロナ禍というアメリカの国難を下支えした彼らが、貢献を認められず見捨てられたと感じても不思議ではない。政権を変えた二〇二四年の大統領選挙は、ヒスパニックの乱でもあった。

ブルーカラー労働者が多いヒスパニックは長年民主党を支持する傾向が強く、今回も約六割がカマラ・ハリスに投票したという調査がある。しかしエジソン社の数字が示す通り、トランプのメッセージ浸透は顕著だった。「ヒスパニックを愛している」と単純なメッセージでヒスパニックに秋波を送り、インフレ抑制と不法移民対策という分かりやすく具体的な政策を掲げた。

一方のハリスは中間層の生活向上や、人工妊娠中絶を中心とした女性の権利、そして民主主義の擁護を掲げた。しかしそれらのテーマはどこか漠然とした感があり、失業やインフレにあえぐ人々の目には物足りないと映ったはずだ。国民全体の関心が高い不法移民対策も付け焼き刃であった。

話を聞いた五十四歳の医療通訳の女性、ガブリエラ・パシオニは、トランプの強硬な不法移民対策を支持し投票した。メキシコから留学を経てアメリカ国籍を取得したパシオニは「不法移民が法を守って苦学した自分と同じ立場でこの国にいるのはフェアではない。私は学費を出してくれた両親の苦労を知っているから」と言う。

メキシコを含む中南米地域から入ってくる人々を「強姦魔」と言い放つトランプに嫌悪感を抱くヒスパニックの知人は、パシオニを〝トランプと同じ人種差別主義者だ〟と批判するという。「けれど気にしない。不法移民の中には実際に犯罪者がいてホームレスになる」と今後もトランプ支持を続けていくと断言した。

アリゾナ州の教育省公務員のロベルト・ガルシアも、熱狂的なトランプ支持者だ。民主党政権下のアメリカを沈みゆく船に例え「前の艦長は良かった」とトランプの返り咲きを喜んだ。取材時五十四歳でメキシコ系の家庭に生まれた。「二十代は親の世代に習って民主党支持だったが、経済政策や教育問題、軍の在り方などの問題を考えるうちに共和党員となった」

取材に応じてくれたパシオニとガルシアは、選挙期間中に各地で展開された「トランプのためのヒスパニック」運動に熱心に参加した。不法移民政策を巡る考え方や理由でやや違いはあるが、共通していたのは、かつて「眠った有権者」とも評されていたヒスパニックの政治力への確信だった。

国勢調査によれば、ヒスパニックの人口はアメリカ全体の約一九％に当たる約六千二百万人で、白人に次ぐグループとなった。国内でヒスパニック最大の人権団体「ウニドスＵＳ」はトランプ政治には批判的な立場ながら、政権選択の鍵を握ることになったヒスパニック票について幹部がこう誇示した。

「投票したヒスパニックの数は歴史的なレベルで、今後も影響力は拡大し続ける。ヒスパニックのコミュニティは（政治の）重要局面で効果的に結集することができる。これらが、今大統領選挙が発したメッセージだ」

一方、選挙に限らずアメリカ国内のヒスパニック市民と話して分かるのは、社会的な地位、そもそもの出身地や宗教観も幅広く、決して単一価値の集団ではないということだ。力に目覚め始めながらまだ形が見えない部分も多いこのグループとどう向き合うかは、二〇二八年の次期大統領選でも注目点となっていくだろう。

〝敵〟に弱い米国

米国は敵に弱い。最強の軍隊と最大の経済力を持つ国にしては意外な印象を与えるかもしれない。だが、自らの強さに対する強い自信が、いったん敵の存在を認識すると不必要に大きな反応を引き起こし、自らを傷つけてしまうことがある。まるで自己免疫の過剰反応が体の器官を痛めつけてしまう症状を見ているかのようだ。

トランプはこうした米国のメンタリティを利用して演説で随所に〝敵〟の存在をちりばめている。それは中国であったり、イスラム教徒であったり、メキシコからの移民であったりする。彼が煽った敵愾心と過剰反応は、米国民の心の中に暴力主義やこうした敵を擁護する仲間への憎しみを植え付け、米国を内部から疲弊させてきた。

こうした〝政治的免疫異常〟とも呼ぶべき現象が起きたのは、今回が初めてではない。近年の米国史上忘れることができない〝赤狩り〟と呼ばれる社会の集団ヒステリーが一九五〇年代にあった。赤狩りを扇動したのは当時の上院議員ジョセフ（ジョー）・マッカーシー。彼が引き起こした騒動は、後年登場するもう一人の扇動政治家に向けた予言でもあった。

ウィスコンシン州出身のマッカーシーは地元の名もない大学を出た後、法律事務所に勤務する凡庸な青年だった。地方判事を経て、第二次世界大戦で海兵隊員としてソロモン諸島で従軍した。戦後、軍歴を看板に政治家となり、一九四六年、上院議員の座を射止めた。

ワシントンでは風采の上がらない地方出身議員扱いだったが、五〇年二月九日、ウエストバージニア州ウィーリングで共和党関係者らを前に演説をした際、米国務省内に共産党員が入り込んでいるとの陰謀論を打ち上げた。

「共産党員やスパイ組織のメンバーとして名前が挙がっている国務省のすべての人物の名前を挙げる時間はないが、私の手元には二百五人のリストがある」こう宣言したマッカーシーは、こうも語った。「今日、私たちは共産主義の無神論者とキリスト教徒との間での、最後の全面的な戦いを繰り広げている」

これが米上院で「上院の歴史上最も苦痛に満ちた時代」（故ロバート・バード上院議員）と記憶されるマッカーシズムの幕開けだった。

本当に二百五人のリストをマッカーシーが持っていたかどうかは分かっていない。彼にとって真実の数字がどうかは重要ではなかった。注目を集めることがすべてだった。マッカーシーの主張をもっともらしく見せる舞台装置は準備されていた。戦後の冷戦が始まり、ソ連と西側は分断されたベルリンを巡って緊張が高まっていた。四八年、朝鮮民主主義人民共和国（北朝鮮）四九年には中華人民共和国が成立する。また四九年八月にソ連はセミパラチンスクで初の核実験を行った。米国は〝敵〟の勢力拡大の影に怯えていた。少なくとも恐怖する十分な理由があった時代だった。

国務省が共産党に密かに操られているというマッカーシーの展開した陰謀論は、瞬く間に政治的なヒステリーを引き起こし、上院にはこの問題を調査する委員会が設置される。マッカーシーはあらゆる対象に矛先を緩めず、政府は共産主義者に対し「弱腰で非道徳で、卑怯」な対応を取っていると指弾、新聞などメディアの注目を集めて政府職員の中に潜む共産党員をあぶり出す〝赤狩り〟キャンペーンを作り出すことに成功した。

ある時は米国をナチス・ドイツや日本との戦争で勝利に導いた軍すら屈服させた。欧州戦線の英雄を「制服の恥」「共産主義者を擁護」「無知」と公然となじりさらし者にした。政府機関内に賛同者を得て、国家の機密情報を違法なやり方で自分の道具とするなど、超法規的な立場を自認することすらあった。テレビの前で饒舌に〝国家の敵〟を告発するマッカーシーを、時には二千万人もの視聴者が固唾を飲んで見守った。

〝マッカーシズム〟とも呼ばれた集団ヒステリーには、共和党だけでなく民主党も巻き込まれた。共産主義に親和的な発言をしたり、ソ連に関する本を図書館で借りたりしたなど、曖昧な根拠で政府機関から辞職に追い込まれた職員の数は二千人を超えたとの見方もある。議会やメディアで激しい陰謀論を唱えるマッカーシーには、当時のハリー・トルーマン第三十三代大統領（民主党）やドワイト・アイゼンハワー第三十四代大統領（共和党）も膝を折る場面もあった。議員らも沈黙し、その一人には後の民主党大統領、ジョン・F・ケネディも含まれていた。

激しい罵りと「共産主義者」のレッテル張りを最大の武器に、議会から官僚、ホワイトハウスや軍部まで服従させたマッカーシーについて、ジャーナリストのリチャード・ロービアは著書で、「一時は民意に頼るほとんどの人が彼を恐れていた。マッカーシーが発する敵意に満ちた一言が、何百万人もの人間に対する進撃命令になると信じていたからだ」と記した。

六十年後の再来

世論調査によれば、マッカーシーへの支持率は約五〇%を超え、その中核は肉体労働者であった。反エリート主義も抱えた人々の不満や不安に目を付け、分かりやすい言葉で憎しみを駆り立てる。当時の最高裁長官はマッカーシーに盲従する世論について、合衆国憲法の核である権利章典すら否定されるだろうと嘆いてみせた。マッカーシーの天下は、軍内部のスパイ疑惑を追及しようとしたことがきっかけで逆に自らを追い込み、上院の品位を汚したとしてけん責決議を受けたことで、ちょうど四年で終焉した。

マッカーシズムは約六十年後、世の中の不満と恐怖を巧みに救い上げ、分かりやすく時には口汚い言葉で敵を攻撃する政治スタイルなど、多くの共通点を持つトランピズムの形でよみがえった。二度目の扇動政治は、テレビからソーシャルメディアに武器を持ち換えて、ホワイトハウスを落とした。二〇一六年十一月の大統領選挙でのことだ。

二人の扇動政治家の出現は偶然なのか。調べてみると、この長い年月を経て二人をつなげる人物がいた。米法曹界で悪名をはせたロイ・コーンという弁護士だ。

ニューヨークで名を知られた裁判官の家庭に生まれたコーンは、名門コロンビア大の法科で学んだ後、若干二十歳の若さで連邦検事補となり、ロシアへの核技術流出スパイ事件など重要案件を担当した。米公共ラジオＮＰＲなどによれば、この経歴を買われて一九五〇年代初頭にマッカーシーの法律顧問に取り立てられた。マッカーシーは、事実無根の主張で敵にダメージを負わせる手法を確立する。

マッカーシーは約四年で政治力を失いまもなく病没したが、一連の活動で名を上げたコーンは、ニューヨークを中心に著名人らを顧客とするセレブ弁護士として不動の地位を築いていった。顧客には米大リーグ関係者以外に、マフィアのボスらが含まれていた。彼は顧客に対し犯罪行為で訴追されてもすべて否認し、逆に訴追側を訴える、また敗北を絶対に認めないようアドバイスする強硬な弁護スタイルを貫いた。

コーンがトランプに初めて会ったのは、一九七三年、ニューヨークの高級クラブだった。当時トランプは弱冠二十七歳で、自身と父親が経営していた不動産会社が、黒人の入居希望者に対し人種差別的な扱いを行っているとして、司法省の追及を受けつつあった時期だった。トランプはこの件でコーンのアドバイスを受けた上で、コーンを弁護士として雇った。二人は差別容疑の件で、逆に司法省に対し名誉棄損で一億ドルもの損害賠償の訴訟を起こし、有利な条件で解決を得た。

悪名と共に米司法界で名をはせたコーンは、数々の強引な弁護活動などが批判の的となった。一九八六年には非倫理的な行為を理由に弁護士資格が停止され、間もなくエイズで死去した。トランプはコーンを守り抜き、彼が苦境に陥ってからも生活支援を続けていた。

二〇一六年に大統領選挙で勝利した際、トランプは「コーンも喜んでくれる」と語ったとされる。

第九章　政治とカネ

陰謀論と嘘、そしてカネ

敗北が巨額の献金を育んでいる。

二〇二二年十一月の中間選挙で西部アリゾナ州の知事に共和党から立候補した元テレビキャスターのキャリ・レークは、敗北を否定、「Save Arizona Fund（アリゾナ救済基金）」を立ち上げ、支持者らに訴えた。

「選挙はいんちきだ、それは誰もが知っている」「数十万人のアリゾナ有権者の票が無効になった」「集計機の半数以上が故障していた」などと、選挙に大規模不正があったと主張するレークは、さらに選挙の無効確認やり直しに向けて「米国史上、最強の訴訟を起こしている」と支援と寄付を訴えた。

注目すべきは、レーク陣営の集金力だった。地元紙AZミラーの報道によれば、レークは選挙に敗北した後、この大規模不正主張を続けて、年末までに約二百五十万ドル（約三億円）を集めた。選挙から六日後の十一月十四日には、全米の約八千人が寄付をして約三十四万ドル（約四千四百万円）が集まった。これは選挙前を含めて、彼女が集めた一日の寄付金額の最高記録となった。結局寄付者は計訳三万七千人に上り、約八割が州外からの振り込みなどであった。

しかし、同紙が暴いたその実態には不透明な部分が多いことも判明した。実際の訴訟費用に使われたのは寄付金額の十分の一に満たない計約二万三千ドルに過ぎず、大部分は選挙前から契約していた広告代理店やテレマーケット会社など選挙活動を担う会社に「各種運営費用」との名目で支払われていた。また選挙後にもアリゾナ州内の高級ホテル宿泊などへも、一日だけで約六千七百ドルを使って支払いが行われていたことも分かった。十一月末には、レークを強く推薦していたトランプに面会するためにフロリダ州を訪問、地元ヒルトンホテルやトランプのリゾート施設に合わせて五千ドル以上が使われていた。

レークの不正主張キャンペーンを桁違いの規模で実行したのが、ほかならぬトランプだった。中間選挙を遡る二〇年十一月の大統領選挙で敗北したトランプは、その敗北を認めることなく、選挙無効化に向けた訴訟費用への援助を、各種メールや携帯電話へのショートメッセージで訴えた。議会襲撃事件調査の特別委員会による最終報告書によれば、トランプ陣営はわずか三日間で一億ドル（約百五十億円）を集め、最終的にその額は二億五千万ドルにまで膨らんだ。

この過程でトランプ陣営は「Official Election Defence Fund（公式選挙防衛基金）」を設立したが、この基金には実態がなく別の「Save America（米国を救済せよ）」と呼ばれる政治活動委員会（ＰＡＣ）に相当の額が流れ、訴訟とは関係のない諸費用に使われたとみられている。

重要なのは、先述のレークとトランプによる選挙否定キャンペーンは、いずれも事実に基づいていないことだ。トランプが選挙の無効などを求めて提訴した六十件以上の訴訟がほぼすべて敗訴していることがそれを裏付けている。さらに、司法長官ウィリアム・バーを含む側近らの証言によれば、トランプは早い段階で大規模不正が存在しないことを何度も報告されており、そもそも主張が虚偽であった疑いが極めて濃厚だ。それでもトランプは一貫して意に介さない。自分自身を左派による陰謀の被害者と仕立てることで、同情票ともいうべき義援金や献金が湯水のごとく沸いてくる。桁違いのトランプマネーの強さはこうした手法に支えられた。

銃撃は嘘

米東部コネティカット州の裁判所は二二年十一月、児童ら二十六人が死亡した小学校での銃乱射事件を「やらせ」と主張して遺族らの名誉を傷つけたとして、陰謀論を掲げる政治評論家アレックス・ジョーンズに総額約十四億四千万ドル（約二千億円）の損害賠償を命じる決定を下した。裁判官は「被告の行為は故意で、悪意があるのは明らかだ」として、陪審が命じた賠償額に加え、四億七三百万ドルの懲罰的賠償を科した。

事件は一二年十二月にコネティカット州のサンディフック小学校で発生。男が銃を乱射し、自殺した。トランプと親しいジョーンズは、自身が運営するニュースサイト「インフォウォーズ」で、事件は銃規制強化を狙ったやらせで、実際には起きていなかったと主張。遺族らは陰謀論を信じた人々から嫌がらせや脅迫を受けたとして提訴していた。

なぜ一介の政治評論家にこれほどの賠償命令が下されるのか。裁判の中ではジョーンズの資産に関して経済専門家が証言台に立った。それによると、起業家でもあるジョーンズは「非常に成功した人物」で、運営するニュースサイトなどの資産を合わせると一億三千五百万ドルから二億一千万ドルに上ると推測された。

またニューヨーク・タイムズ紙が伝えた裁判の別の証言では、一八年の一時期、インフォウォーズは一日に八万ドルを売り上げ、一五年から一八年にかけての年間売り上げは約五千三百万ドルに上っていた。これを日本円に換算すると、一年で七十億円を超えるビッグビジネスを展開していたことになる。

インフォウォーズは、陰謀論や極右思想をジョーンズ自身がＤＪやキャスターを務める形式で展開、保守層に絶大な人気を誇った。しかし一介のＤＪがなぜこれほどの巨万の富を築くことができるのか。その秘密は、テレビショッピングと極端なイデオロギーを組み合わせた異色ビジネスにある。

同サイトは、二三年二月のトルコ南東部大地震の数日後に「地震予知の方法発見」など、真偽不明瞭ながら耳目を集める動画を〝ニュース〟と称して掲載。同じページに「記憶力増進サプリメント」やミルクシェイクなど自社製品のＰＲ広告を載せて視聴者らを誘導する仕掛けだった。

食品医薬品局（ＦＤＡ）の警告書によれば、ジョーンズは新型コロナウイルス感染が拡大していた二〇二〇年三月、「アレックス・ジョーンズ　闇の国家」と題されたビデオでナノ単位の銀成分が「視聴者の皆さんの免疫力を向上させる」として「ナノ・シルバー」という自社商品を宣伝した。またこうした商品は「コロナウイルスの類を殺すとしている」などと発言していた。

ＦＤＡはこうした宣伝には立証された科学的根拠がなく、連邦食品・医薬品・化粧品法に抵触するとして、ジョーンズや同社に宣伝の打ち切りを勧告した。

闇のマネー、灰色のマネー

中西部オハイオ州選出の共和党議員、J・D・バンスは、作家で実業家、政治経験ゼロでいきなり上院議員になった異色の経歴を持つ。貧困や麻薬中毒に苦しむ家庭の姿を自身の体験に基づいて描いた小説がベストセラーになったとはいえ、政治の世界ではほぼ無名であるため、共和党の指名獲得も危ぶまれていた。結局は副大統領の職に上り詰めるのだが、バンスの駆け出し時代に大きな後押しになったのが、地元で繰り返し放送された選挙広告だ。

〝個人的体験〟に基づきメキシコとの国境警備や薬物取締の強化を訴えるバンスへの支持を訴えた広告は、指名獲得への主要な推進力となった。これを提供したのは「Protect Ohio Values（オハイオの価値を守れ）」という組織で、米国の政治を操るとして問題視されつつある不透明な政治献金、ダークマネー（闇のカネ）の典型だ。

米国では個人献金以外に、政治活動委員会（PAC）という制度があり、企業や市民団体などが設立したPACを通じて候補者に献金が渡る。これには一定の上限があったが、連邦最高裁は二〇一〇年、特定候補への投票を促す選挙活動と、団体や組織が政治的な意思表明をする行為は分けるべきとの判断をし、これをきっかけに献金額に上限がないスーパーPAC（特別政治活動委員会）が生まれた。

建前上、スーパーPACは特定の候補者への投票を呼び掛けることはできず、一般的な政治問題について意見を表明するのが主機能だ。だがバンスの例で分かるように、事実上はあからさまな支持活動となっている。しかもこれは比較的良心的なやり方だ。特定候補を支持しないという建前を守るために、特定の敵対候補を標的としたネガティブキャンペーンは、スーパーPAC提供の広告が担うことが多いからだ。

またスーパーPACの広告やCMは、州レベル以下の選挙区に集中砲火的に有権者に提示されることで大きな効果が得られる。政治献金的なコストパフォーマンスが各段に良い。連邦上院の百人には慣例的に党議拘束が効かないため、わずかな民主党上院議員の反対で経済関連法案が難局にぶち当たった際バイデン大統領が「アメリカには百人の大統領がいる」と嘆いたように、その力は計り知れない。バンスを上院に送り出したオハイオ州の選挙で民主党候補を破ったバンスは相手に約二十六万票差を付けた。上院が握る強大な影響力を確実にするために、巨額だったとしても献金は十分にコスパの良い政治的投資となり得る。

政治とカネの関係を調査する「イシュー・ワン」によれば、バンスを応援した「オハイオの価値を守れ」の大口献金者には著名な富豪らが名を連ねている。同団体はこうした一部の有力者らが移民問題や人工中絶、銃規制など米国を二分する諸問題で選挙に介入することで「政治的メガホンを手にしている」と警鐘を鳴らしている。

民主党も呑みこむ

これだけの力を持つダークマネーに頼っているのは共和党だけではない。

二〇一六年の大統領選挙では、民主党の候補指名を争う上院議員バーニー・サンダースが、前国務長官ヒラリー・クリントンを支援するスーパーＰＡＣが経済界から多額の資金を受けていると非難。「私はウォール街から献金を受けていないことが誇りだ」と訴え、格差社会に不満を持つ若者らの共感を呼んだ。

政治資金の監視団体によると、指名レース途中でもクリントン側の資金は、最多の計一億九千万ドルに上った。このうちスーパーＰＡＣなどの資金は三分の一近い約五八〇〇万ドルだった。

長丁場の米大統領選を通じ民主党候補クリントンは、選挙終盤に至るまで組織力と資金で共和党候補トランプを圧倒。クリントン陣営の地方支部の数はトランプ陣営の約二・三倍に上り、資金面でも最終盤に入って二倍近くに達した。

両陣営が公表した投票直前の収支報告によれば、クリントン陣営は約八億六千万ドルを調達。小口献金を中心に約四億五千万ドルのトランプ陣営に大きく水をあけた。

大口献金者とスーパーＰＡＣからの潤沢な資金援助に支えられたクリントン陣営は十月だけでも三千万ドル以上を南部フロリダや中西部オハイオなどの激戦州に投じ、トランプ中傷のテレビ広告を積極的に打ち、予想外の逆転敗北に至る直前まで、勝利を確信できる懐事情を維持できた。

シンクタンク、ブレナン公正センターは、米国で増えている不透明で複雑な政治資金の仕組みを大きくダークマネー（闇のカネ）とグレーマネー（灰色のカネ）の二つに分類している。前者は献金などカネの出元がまったく明らかにされない流れで、後者はカネの出元を割り出すことが極めて困難か不可能に近い場合を指す。

ダークマネーの典型は非営利団体を隠れ蓑にした資金の流れだ。米国の国歳入法第五〇一条Ｃ項の規定により課税を免除される五〇一（ｃ）（四）は、社会福祉団体、五〇一（ｃ）（六）の業界団体で、いずれも選挙活動で匿名を守りたい献金元に利用されている。政治活動委員会（ＰＡＣ）は献金者を明らかにする義務があるが、これらの非営利団体は内国歳入庁（ＩＲＳ）への届け出義務を負うだけで、一般には公開されない。同センターは「こうした非営利団体は活動の主目的を政治活動に置いてはならないと法的に規定されながら、実際には大量の資金を政治に向けている」と抜け道になっている現状を指摘した。

同センターは特別政治活動委員会（スーパーＰＡＣ）をグレーマネーに分類する。寄付受け入れが無制限のスーパーＰＡＣは、既述のように政治的なＰＲ広告やＣＭを提供している。もし、その献金元が個人や企業であれば広告を見た有権者がその意図を判断することができるはずだ。だが、近年、スーパーＰＡＣの献金元が別のＰＡＣであるケースも目立ち、背景が不明瞭となっている。ニュースなどでは、ダークとグレイの両方を合わせてダークマネーと呼ぶことも多い。

腐敗を誘引

両政党の不透明なマネーへの依存体質は続いており、「イシュー・ワン」によれば、二〇一〇年の最高裁判決でスーパーＰＡＣに道が開かれて以来、大口献金者の十二人が判明したが、うち六人が民主党支持者、六人が共和党支持者であった。民主党支持者には、世界的投資家ジョージ・ソロスや報道機関のブルームバーグ創業者マイケル・ブルームバーグら、共和党支持者には、実業家のリチャード・ユーラインやシェルドン・アデルソンら富豪が名を連ねている。

ブレナンセンターは、最高裁判決の前後でダークマネーの変化を調べるために、アラスカ、アリゾナ、カリフォルニア、コロラド、メイン、マサチューセッツの計六州を対象にして二〇〇四年と一四年の実態を比較した。その結果、ダークマネーはこの一〇年間に三十八倍に増えていた。特に活発化したアリゾナ州では同期間にダークマネーが約三百倍となった。アリゾナ州のベテラン共和党議員は同センターに対し「三十三年間に及ぶアリゾナでの政治で、ダークマネーが最も腐敗を引き起こす要因だった」と証言している。

選挙広告の利益誘導目的が露骨なケースでは①鉱山の運営会社が、鉱山開発で許認可の鍵を握る候補に対するネガティブキャンペーンの資金源になっていた②貸金業者がこの業界に対する規制緩和を訴える州司法長官を支援③食品会社が食品表示規制強化に反対する広告を出す――などがあった。各種スーパーＰＡＣの名称も紛らわしいものとなっており、「カリフォルニアに優良学校と職業を」という団体の資金源がテキサスの石油会社だったり、「政府系教育団体の正しい機能」という団体の資金源が貸金業者だったりするケースも報告された。

鉱山開発を巡るダークマネーの疑惑があったのは、二〇一二年のウィスコンシン州。この鉄鉱山の権利を買収した実業家のクリス・クラインは、鉱山開発を縛る各種規制の緩和に乗り出す。クライングループ子会社は、一一年と一二年に保守系非営利団体「ウィスコンシン製造・商業問題行動委員会」に七十五万ドルを寄付、この団体は次に別の非営利団体「ウィスコンシン成長クラブ」に三百万ドルを寄付した。

両団体は開発規制の緩和が雇用創設につながるなどとするメディア広告を展開、その後の州上院選で同成長クラブは規制緩和に後ろ向きだった現職のジェシカ・キングに対し、テレビ広告で「キング議員は雇用創設を約束しながら鉱山と三千人の雇用を抹殺する議会投票を行った。労働者は怒っている」と攻撃した。

両団体は、二百万ドル近い州議会レベルでは途方もない宣伝費を投入したが、有権者にはこれらが鉱山のオーナー会社と繋がっている事実は伝わるすべもなく、キングは落選した。同成長クラブは自団体のサイトで、鉱山開発関連法案で「キング（議員）や民主党議員らが何をしたかについて有権者を教育した。重要な役割を果たした」と自賛した。この選挙で共和党は州上院の多数派となり、鉱山側は有利な条件で開発に乗り出すことができた。

移り気な献金者

保守系政治団体の一つである「成長クラブ」の本部は、首都ワシントンにあり、そのスーパーPACは米決済サービス大手ペイパル創業者の一人、ピーター・ティエルや投資会社会長ら大口献金者からの豊富な資金を背景に全米でも最有力の組織の一つとなっている。減税と小さな政府の実現、経済的自由の確立を目標にかかげる成長クラブは、一九九九年に創設された比較的新しい組織で、共和党の穏健派と対立してきた。四人目の代表を務めるデービッド・マッキントッシュは米誌に「共和党内の保守運動の一翼を担う」と存在感の拡大に自信を示す。同PACは二二年中間選挙で一億五千万ドルを選挙広告などにつぎ込んだ。

長くトランプを強く支持する一方トランプに批判的な政治家の排除に大きく貢献してきたが、最近は両者の亀裂が目立ち始めている。注目を集めたのは、二四年大統領選挙への出馬を表明したばかりのトランプへの支持撤回の方向性をマッキントッシュが示したことだ。現職時代の一八年中間選挙と二〇年大統領選挙、さらに二二年中間選挙で〝三連敗〟を喫したトランプの退潮傾向が顕著になったことを受けたためで、マッキントッシュは党内支持が急上昇している若手ホープで南部フロリダ州の知事ロン・デサンティスを「本選挙でより勝てる候補」と認定した。それればかりか、二年以上も二〇年選挙での敗北原因を陰謀論頼りの大規模不正主張を取り下げないトランプは「有害」とする厳しい批判に踏み込んだ。

ダークマネーの一角を構成するスーパーＰＡＣは当然のことながら献金者には従順だが目標を達成できない政治家には冷たい。ワシントン・ポスト紙によれば、マッキントッシュはかつてどの候補者を広告支援するかなどについて、フロリダ州にあるトランプの邸宅で作戦会議を開いたり、大統領専用機、エアフォースワンに同乗させてもらったりなど、極めて親密な関係にあった。トランプが在任中に発表し世界を驚かせた、温暖化対策の国際枠組み「パリ協定」からの離脱に圧力を掛けた一人ともみられている。

両者に亀裂が入る兆候が始まったのは二二年に入って中間選挙に向けた候補者絞りが本格化した時期だった。民主党候補との激戦が予想された重要州ペンシルベニアで、トランプは医師でテレビタレントのメフメト・オズを推薦、マッキントッシュの成長クラブが別の政治コメンテーターを押し、結果的にオズが共和党指名を獲得した。また別の重要州オハイオでも両者はそれぞれ別候補を支援した。オハイオ州ではトランプが押したバンスが本選で勝利し共和党が議席を確保したものの、ペンシルベニアでオズは、深刻な健康問題が投票直前に浮上し通常選挙なら決定的に有利に立てるはずの民主党候補に惨敗した。

オズは政治経験がゼロだった上に、他州に居住していたことが発覚、さらに地元住民ならだれでも知っている有名スーパーの名前を自分のＰＲビデオで言い間違えるなど、共和党内からも「質の悪いトランプ候補の典型」として、中間選挙での共和党苦戦の象徴の一人となった。「イシュー・ワン」が指摘したように、スーパーＰＡＣを中心としたダークマネーやグレーマネーは、候補者から政策の選択に至るまで有権者の意思決定が絡まない形で、政治の舞台裏で影響力を発揮している。

バイデンは、中間選挙前にホワイトハウスで「あまりにも多くのカネが政治の暗部に流れ込んで選挙に影響を与えている」と語り、スーパーPACなどの団体に一万ドル以上の献金者を公表することを義務付ける法案を議会に提出した。これは予想通り、共和党の協力が得られずに頓挫状態となった。今後も米国政治を蝕む暗いカネの存在は続く。

ホワイトハウスの錬金術

一方で政治と権力、利権の分かりやすい癒着関係も浮上している。

米市民団体「ワシントンの責任と倫理を求める市民（CREW）」は二〇〇三年七月、トランプ政権と中東利権に関する報告を発表した。それによると、トランプは在任中だけで中東諸国政府などとの取引で総額九千六百万ドルに上る個人的な利益を上げていた。

トランプは大統領になってからも、一族が経営する複合企業トランプ・オーガニゼーションの活動に深く関与してきた。中東諸国の中でも最も深い関係を築いたのが産油国、サウジ・アラビアだ。元々米国とサウジ王室の関係は深いが、トランプ政権時代に加速し盤石なものになった。

CREW報告によれば、トランプが大統領選で勝利した直後の二〇一六年十二月から翌年二月にかけて、サウジ政府のロビイストが首都ワシントンにあるトランプのホテルに滞在、少なくとも二十七万ドルを支払った。一八年にサウジ皇太子ムハンマド・ビン・サルマンが訪米した際は、訪米団がニューヨークのトランプ・ホテルに滞在した。この際の利益で同ホテルは二年ぶりに黒字を計上できたという。

見返りはサウジの人権問題に米政府が目をつむることだった。

トランプはサウジについて「彼らは私からアパートを買う。どうして嫌いになれる?」と公言していた。サウジ政府に批判的だったサウジ人著名記者ジャマル・カショギが一八年十月、トルコ・イスタンブールのサウジ総領事館でサウジ当局者らに殺された後も、トランプは「証拠がない」と不問に付す態度を見せていた。

殺害されたカショギの遺体はバラバラにされて遺棄されるという残忍な事件で、後に皇太子の関与を米情報当局が把握していたことが判明したが、トランプはサウジを責めることはなかった。

両者の親密な関係は続いた。トランプの娘婿で上級顧問として中東政策を主導するジャレッド・クシュナーは、トランプがホワイトハウスを去ったわずか半年後、ムハンマド皇太子が出資するファンドから二十億ドルに上る巨額投資契約を通常より有利な条件で取り付けた。ニューヨーク・タイムズ紙によれば、ファンド顧問団はこの取引について、投資見返りの見通しなどについて「あらゆる面で満足できない内容だった」と問題視していた。

外交と利益と家族が混然一体となった米国の政治は中東で大歓迎された。中東専門家の一人は、バイデン政権について「人権外交を前面に出しているため、サウジやイランだけでなくイスラエルから

ホワイトハウスと連邦議会を結ぶペンシルベニア通り

ホワイトハウス近くでトランプ企業が運営するホテル

も反感が強い。中東諸国は人権問題には興味がなく、ビジネス重視のトランプ政権の復活を待ちわびている」と指摘している。第二次トランプ政権がよりイスラエル寄りとなるのは確実で、トランプにとって中東のドル箱化が加速するだろう。

第十章　民意歪める内外の脅威

ロシア要因

米国の民主主義を脅かしているのは、これまでに指摘した内部要因にとどまらない。その最たるものがロシアだ。

大統領のウラジミール・プーチンによる専制的な統治体制が続くロシアは、シリア内戦への介入やクリミア半島の併合、そしてその後のウクライナ侵攻に至る各情勢で米国と対立を続けてきた。国務長官だったヒラリー・クリントンとドナルド・トランプが初の大統領職を争った二〇一六年の選挙ではロシアが介入を行ったと指摘されている。それはどのような背景があったのか。

米政府が一七年一月にまとめた報告書を読み解くと、ロシアがトランプ陣営を事実上応援していただけにとどまらず、米民主主義の信頼性を揺るがそうとしていた疑いが浮かんでくる。

「インテリジェンス・コミュニティ評価」と題された報告書（一七年一月六日付）は、中央情報局（CIA）と連邦捜査局（FBI）、国家安全保障局（NSA）が合同で調査、分析したもので、既述を見ると、一部の情報については「CIAとFBIは確度が高いと判断するが、NSAはやや低い評価」など詳細も明かされており、信頼性は高い。

報告書によれば、ロシアは一六年選挙で、大統領に就任すればロシアに対してより強硬な政策を採用すると予想されたクリントンに対する支持を米国内で下げることを画策、クリントンに不利な情報を、SNSなどを通じて拡散した。作業には、ロシア軍参謀本部情報総局（GRU）が関与しており、

「プーチンが選挙介入を指示した」と断定した。ヒラリーよりトランプを当選させようとした理由として、プーチンがロシアに親和的だったベルルスコーニ（元イタリア首相）やシュレーダー（元ドイツ首相）のように「ロシアとビジネス上の利益関係を持つ政治指導者」は関係が築きやすいとみなしていると分析した。

一方、報告書は「ロシアの活動が大統領選挙に与えた影響については評価しない」と明記している。ロシアの後ろ盾がなければ、世論調査で不利だったトランプが選挙に勝つことはなかったはずだという根強い世論に配慮した結果だろう。

ロシアは米国内の選挙予想と同様に、基本的にヒラリーが勝つと予想していた。それでもこうした介入を行ったのは、ヒラリーが大統領になってもその職にはふさわしくない人物としてのイメージを米国民に植え付けるためだったと報告書は分析した。

同様に重要なのは、ロシアがこうした選挙介入によって「米国主導の自由な民主制度を弱体化させる長年の目標を実現するため」とみられることだ。

それは実現したのだろうか？

報告書では、ロシア国営テレビ「ＲＴ」は二〇一二年の大統領選挙（民主党のバラク・オバマ対共和党のミット・ロムニー）で米国の選挙不正や投票集計機の不具合に焦点を当てた番組を放映、「米国の選挙制度は信頼性に欠け、民意を反映していない」と指摘していた。これは報告書発表の約四年後となる二〇年十一月選挙で敗北したトランプ陣営の展開した選挙不正主張とぴったりと符号する。

その意味では米国の民主主義を弱体化させたいというロシアの試みは成功したと言えるだろう。

ちなみにRTの英語版は報告書が作成された当時米国内で視聴者を急増させており、引用された各種視聴率調査では、非欧米メディアとしては屈指の影響力を持つ中東の衛星テレビ、アルジャジーラのみならず、媒体によっては英BBCをしのぐ視聴者数を獲得していた。また、各種のサイバー活動をロシアの仕業と特定した手法について、報告書は「サイバー空間の性質上、サイバー活動の出元を特定することは困難ではあるが、不可能ではない。あらゆる活動には痕跡が残る」と説明している。

二一年五月には、コロニアルパイプラインが運営する米最大級の石油パイプラインがサイバー攻撃を受け停止したが、FBIはいち早く、ロシアのハッカー集団「ダークサイド」が関与したと断定した。バイデンは「容疑者らがロシアにいると考える理由はあるが、ロシア政府が関与したとは考えていない」と説明しながらも、「ロシアはわれわれの能力を理解している」と米国の追跡能力を誇示しつつ場合によっては報復もあり得ると警告した。

この報告書の発表から約三カ月後、上院情報特別委員会で、サイバー安全保障に詳しい英キングズ・カレッジ教授のトーマス・リッドが証言した。

リッドは旧ドイツ民主共和国（東ドイツ）で秘密警察・諜報機関を統括した悪名高いシュタージ高官の言葉を引用し、ロシアによる米国への介入の根幹思想をこう説明した。「強大な敵を倒すためには、洗練され細部にまで配慮され、注意深く抜け目ない努力によってのみ倒すことができる。それは、たとえ極めて小さな亀裂であってもそれを利用することだ」

リッドは二〇一六年の米大統領選挙が国民の分断によってこうした亀裂が深刻化していたと指摘、ロシアが選挙介入に至る決断をした背景があったと上院議員らに訴えた。リッドが報告したロシアによる介入の実態は驚くべきものだった。ロシア軍参謀本部情報総局（ＧＲＵ）は、二〇一六年三月十日から四月七日の間だけで、クリントン陣営のスタッフ百九人に対し二百十四のフィッシングメールを送付。うち三十六回は不正に情報を取得するためのリンクをクリックさせることに成功した。クリントン自身のメールアドレスにも同様のメールを送付した。クリントンがこれによってパスワードを流出させたことはなかったが、このほかクリントンの選挙参謀だったジェイク・サリバン（後にバイデン政権で米大統領補佐官に就任）にも十四回にわたってフィッシングメールを送り付けていた。

中国とドラゴンブリッジ

米国の民主主義にとってサイバー面で脅威となっているのは、ロシアばかりではない。米セキュリティー企業のマンディアントは二二年十月、中国政府に近い「ドラゴンブリッジ」と呼ばれる組織が、米国の政治的分断を狙ってサイバー活動を行っていると発表した。マンディアントは、一三年に上海にある中国軍の「６１３９８部隊」が対米サイバー攻撃の発信源とみられるとする報告書を公表し、世界の注目を集めた企業だ。

二二年十月の発表でマンディアントは、十一月に迫った中間選挙でドラゴンブリッジが「米国の選挙プロセスに対する米国民の信頼を弱体化させ、投票を阻止しようとしている」と警鐘を鳴らした。確認された複数のＳＮＳ動画は、連邦議会議事堂襲撃事件の写真などに重ねて「米国のこうした病に対する解決策は、誰にも投票しないことだ」とのナレーションが流れ「非効率で無能な制度を根絶やしにすべき」と主張した。また、議会提出されながら立法に至る法律が少ないなど、立法手続きの詳細を理解した上で米国の民主主義制度を批判するなど、主張の信ぴょう性を高める工夫がなされている。また米国の民主主義は政治的な内紛、二極化、分断が本質的な特性となっていることを指摘した。ドラゴンブリッジはさらに、米国のソーシャルメディア上で近年「内戦」という言葉や政治的暴力をあおる言葉が頻繁に使われていることを強調した。

上院の委員会で英キングズ・カレッジのトーマス・リッドが証言したように、敵の欠点を利用しようとするのは中ロに共通している。ドラゴンブリッジは、米国の現状が政治プロセスの悪化と最終的な民主主義の終焉を予言している。

一方、ロシア産天然ガスをドイツに送る海底パイプライン「ノルドストリーム２」で二二年九月に起きた爆発によるとみられるガス漏れについても、ドラゴンブリッジがネット上に掲載した内容は、ウクライナ侵攻でロシア制裁に向けて、欧州への参加圧力を強めるため「米国が破壊した。自国利益が目的だった」と主張した。こうした論調の裏には、民主主義を軸とした同盟国や友好国との協調で、ロシアと中国を封じ込めようとする米国の政策になんとしてでも揺さぶりをかけようとする周到な意図が読み取れる。

最強のロビー

ホワイトハウスで演説を始めた大統領バイデンの顔は怒りに満ちていた。

「子供を失うのは心の一部を奪い去られるのと同じことだ。一体いつになったらわれわれは、銃ロビーに立ち向かうのか」

二〇二二年五月二十五日、アジア歴訪から戻ったばかりのバイデンは、「もうたくさんだ」と感情を露わにして続けた。「世界中どんな国でもこんなことは起きていない」。怒りの対象は悲しい米国の日常の出来事だ。この演説の前日、南部テキサス州ユバルディの小学校に当時十八歳の容疑者、サルバドール・ラモスがAR15型ライフルを手に校舎内に侵入、児童十九人と教師二人を殺害した。この学校にかつて通っていたラモスは警官隊に射殺され、その動機は不明のままだった。

AR15は、米軍の制式アサルトライフルを原型とした市販型の小銃で、今や米国の乱射事件で定番の銃と言っていい。軍用との唯一の違いは連射ができないだけで、使用される銃弾や発射能力は同等、殺傷能力が極めて高い。至近距離で撃たれたら部位によっては即死を免れない。バイデンは演説でこうした銃を販売し続ける企業を「二〇年もの間、銃産業はアサルトライフル(突撃銃)を一番の稼ぎ頭にしてきた。それは、人を殺す以外の目的は持っていない」と批判した。

マイケル・ムーアのドキュメンタリー映画「ボウリング・フォー・コロンバイン」で有名になった一九九九年のコロンバイン高校乱射事件(十三人死亡)からユバルディ事件に至るまで、教育現場が

全米ライフル協会本部

子どもの銃訓練

舞台となった銃撃事件だけでも、バージニア工科大事件（二〇〇七年、三十二人死亡）、コネティカット州のサンディフック小学校事件（一二年、児童ら二十六死亡）など、悲惨な乱射が続いている。

戦争によって英国からの独立を勝ち取った歴史への誇りや自分の身は自分で守るという西部開拓時代からの伝統などが、米国民を武装する市民にしている。米国憲法で一九七一年に追加された修正第二条は「規律ある民兵団は、自由な国家の安全にとって必要であるから、国民が武器を保有し携行する権利は、侵してはならない」として武器の保有権を保障している。

約三億五千万の国民に対し、米国内に存在する銃器の数は合法、違法を含め四億丁と推計されている。疾病対策センター（ＣＤＣ）によれば、二一年に銃器で死亡したのは約二万一千人（銃を使った自殺は約二万六千人）、連邦捜査局（ＦＢＩ）によれば、同じ二一年に公共の場で起きた銃撃事件は六十一件。二十年間で最多となった。

多数が犠牲になる銃撃事件が起きるたびに米国は「銃規制強化」の大合唱に包まれるが、結局抜本的な規制には至っていない。ピューリサーチセンターの調査によれば、米国人の約半数が銃暴力を深刻な問題として認識しており、二一年四月の調査では約五三％が銃規制を強化すべきと答え、約三二％が現状維持すべきとし、緩和すべきと答えたのは約一四％にとどまった。

それでも銃規制は進まない。なぜか。せめて安全に銃と共生したいという民意の実現を阻むのが「Gun Lobby（銃ロビー）」と呼ばれる利益集団の存在だ。銃規制に反対する団体として最も知られているのが全米ライフル協会（ＮＲＡ）だ。ＮＲＡの歴史は古く、創設は一八七一年に遡る。南北戦争

（一八六一〜六五）に従軍した将校らが兵士たちの射撃の拙さに危機感を覚え、正しい射撃訓練を普及するために始めたものだった。その後、全米で射撃訓練所や教育宣伝活動などを展開、一九七五年にＮＲＡ立法活動部門の「ＮＲＡ・ＩＬＡ」を設置して政治ロビー活動を本格化させた。このころから、ＮＲＡは銃器そのものや扱い方の普及協会との本来の設立趣旨から離れ、武装の権利擁護のための政治組織へとその性格を変えていった。

現在、米国で最強のロビー組織とも称されるＮＲＡの強さの根源は、市民が武装する権利を守るという一点に資金と活動を集中させ、政治プロセスを左右することだ。それは選挙に関して最も明白に展開される。社会問題の調査団体がオープン・シークレッツなどのデータを元にまとめた統計によれば、二〇二二年の中間選挙では、ＮＲＡの資金支援を受けた計百八十七人の候補が連邦議会に当選している。この選挙での改選議員が上下院合わせて五百議席未満だったことを考慮すれば実に四割近くの議員がＮＲＡの支援を受けて当選したことになる。また、支援を受けた議員の総数は二百五十七人であったため、勝率は七三％に上った。ＮＲＡの支援総額は約四十四万ドル（約六千百六十万円）で、支援を受けたのは全員が共和党候補であった。

神が与えた権利

こうした直接的な資金援助に加えて、ＮＲＡは選挙に大きな影響を与えるテレビ広告に巨額の資金を注入している。二〇年の大統領選挙前、連邦選挙委員会（ＦＥＣ）にスーパーＰＡＣとして登録された「ＮＲＡ勝利基金」は、民主党候補のジョー・バイデンに対する批判広告などに約千百万ドル（約十五億円）を支出した。そうした大量の広告の一つで、激戦となったペンシルベニア州で流された映像広告は、若い女性が暴漢に襲われている場面で「彼女はもう駄目かもしれない。ジョー・バイデンは銃を持つ権利を奪っている」とのナレーションが流れた。

その瞬間に女性が身を守るために手を伸ばした銃が忽然と消えてしまう印象的なシーで広告は終わった。実際にはバイデンが武装の権利を否定したことはない。むしろ、一定程度はその権利を尊重した上で、ＡＲ１５のように軍用ライフル並みの過度な殺傷能力を持つ武器を市民生活から締め出し、犯罪歴や精神に問題を抱えた市民が安易に銃を所持できないようにする現実的な規制案を提唱している。広告はその意味では虚偽主張になるが、そうした指摘で広告が修正される前に選挙は終わってしまうのが常だ。

ＮＲＡに並ぶ全米銃所有者協会（ＧＯＡ）は、銃規制を進めようとするバイデンを「神が与えた権利である銃所有権を奪おうとたくらむ暴君」と呼んだ。

規制法案が議会に提出されるたびに、法案を審議する委員会の議員にＧＯＡロビイストが接触し反対決議をするように働きかけるほか、ＧＯＡメンバーらにはそれぞれの州選出の上院議員らに電話や手紙で反対するよう呼びかける。ＧＯＡ地域幹部によれば、同組織は支援した議員を子飼いとみなし投票結果を監視、常に〝成績表〟を記録している。もし銃規制に賛成する議員がいれば、裏切りと見なして次の選挙で徹底したネガティブキャンペーンを行い、落選を試みる。政治とカネの関係を調査する「オープン・シークレット」によれば、GOAは二〇二二年に超党派の連邦議員が二十一歳未満の人物が銃を購入する場合の背景調査などを強化した法案が審議された際、「全米警戒警報」を発信した。こうした活動でGOAなど銃の所有権推進団体の支援額は二二年だけで計約千三百万ドル（約十八億円）に上った。

銃規制の推進団体によれば、自分の選挙区が盤石で落選を心配する必要がない超大物議員でない限り、ネガティブキャンペーンに勝敗を左右されかねない議員はどうしても銃規制に及び腰になる。国民の過半数が銃規制を強化すべきと考え、反規制派を圧倒的に上回りながら、一向に根本的な規制に向けた法整備が進まない背景には、こうして議員たちを震え上がらせ続けるいくつもの銃ロビーによる暗躍がある。

生存という最も基本的な権利を巡っても、「銃」というフィルターを通した瞬間に、命を奪うのか守るのか正反対の議論が正面でぶつかり合い、絶望的なまでに合意を見出すことができない。米国分断の強固さをこの問題でも確認することができる。

最高裁に疑問

序章で紹介したフランスの政治思想家トクヴィルは、多数派が持つ力に潜在的な「圧政」の可能性をかぎ取った。そして圧政を防ぐ保障の欠如に警鐘を鳴らしていた。本来は国民が不正や圧政に抗するための最後の砦であるべき裁判所も近年、民意との距離が生まれ始めている。

米最高裁は二〇二二年以降、人工妊娠中絶を合衆国憲法上の権利だと認めた一九七三年の「ロー対ウェード」判決を覆し米国全体に激震を走らせたほか、大学入学選考で黒人らを優遇する積極的差別是正措置（アファーマティブ・アクション）を違憲とするなど、米社会を二分する問題で保守派寄りの判断に傾き始めた。

最高裁判事は定員九人の終身制で、共和党のトランプ政権が保守派を三人送り込んで以来、保守派が六人を占める状態が続く。中絶や人種問題に加え二三年六月には民主党バイデン政権が進める大学学費ローンの返済一部免除策を無効とする判断を下した。分断が深い米国社会だが大統領選挙で示されるように、保守とリベラルの数はほぼ拮抗（投票総数は民主党が共和党をやや上回る）しており、六対三となっている最高裁の判事数構成はバランスが取れているとは言い難い。

二三年七月時点での調査会社ギャラップによる世論調査によると、最高裁を信頼するとの回答は約四〇％。二〇年半ばには六〇％近くあったのが、「ロー対ウェード」を含む中絶問題で保守寄りの判断が相次いだことで低下傾向が始まり、近年は四〇％前後と歴史的にも低い状態が続いている。共和党と民主党の支持者別に見ると、その差は歴然で、同じ二三年七月時点での共和党支持者の数字は約六二％だったのに対し、民主党支持者は約一七％に過ぎなかった。

ここで念のため指摘しておくべきなのは、常に党派性の目で見られてしまう最高裁判事だが、判事たちがあらゆる審理を保守かリベラルかの価値観だけで判断に至るわけではないという事実だろう。彼らが最も重視するのは、憲法をはじめとする法律にその事案が適合するか否かだ。個々の政治信条よりも法律判断が優先されているのは大前提なのだ。

一方で、米国を二分する重要な判断は、これまで触れてきたように宗教性を含めて保守・リベラルの価値と背中合わせの決定を迫られるケースが多い。さらに判事の任期が終身制であることが、国民が最高裁を見る目を厳しくしている。例えば、六対三の構成が決まるきっかけになったのは、二〇年九月、女性判事ルース・ギンズバーグが八十七歳で死去したことだ。リベラル派として女性の権利拡大に尽力し、妊娠中絶問題では選択の自由を支持してきたギンズバーグの穴は大きかった。この時点での判事構成は保守派五人、リベラル派三人で、後任問題についてトランプ政権がどう対応するかが注目された。

大統領選挙を二ヶ月後に控えていたため民主党は、バイデンの当選を前提に選挙後の後任指名を求めた。これは以前、オバマ政権時代の最高裁判事指名で共和党が主張した在り方でもあったが、トランプはあっさり保守派の連邦高裁判事、エイミー・バレットを指名した。

バレットは四十八歳と若く、不慮の事態に遭わない限り長ければ半世紀ほど最高裁判事の座にとどまる可能性もあり、保守派は喝さいを送った。

バレットの人事を巡っては、結局米上院司法委員会が大統領選挙のわずか二週間前に多数派の共和党が強行採決で人事案を可決、共和党多数派の上院本会議でも可決、バレット最高裁判事が誕生した。

トランプが指名を急いだ背景には、大統領選挙で宗教右派を含めた保守派の票固めを狙ったとされている。

合衆国憲法は、連邦裁判所判事が「善行を保持する限り」、つまり死亡や引退、あるいは辞任まで、その職を保つことを規定し、事実上終身任用を認めている。これは司法権の独立性を保護するためだ。再任や再選に左右されない安定した地位を得ることで、政治的配慮ではなくあくまでも法と憲法に基づいて判断を下すことが可能性だと考えられた。

また終身制の任命は、裁判所の判断に安定性と一貫性をもたらす。判事の任期が長期間に及ぶため時間の経過とともに、より予測可能で首尾一貫した法解釈につながる可能性がある。この安定性は、複雑な法制度と判例の歴史を持つ米国の場合プラスに働いている。最高裁判事はしばしば、自身が下した判断に責任を持ちながら新たな訴訟の審理に臨むことになる。

一方で、既に記したように、指名プロセスは著しく政治的であり、その結果があまりにも長期間、最高裁判所の決定に反映される。訴訟社会の米国では個人の利害にとどまらず、行政判断や法律などについて、個人対個人や企業、また行政が国を相手に起こす訴訟を含め、国家の在り方の深い部分に至るまで最高裁が決めることが多い。それをたった九人の手に委ね長く変えられない実態への不満も高まっている。

最高裁判所は、国民の意見を反映している場ではなくなりつつあるのではないか。そんな思いが国民の不信感の根源にはある。

たかり判事

非営利の米報道機関「プロパブリカ」によると、最高裁の保守派判事クラレンス・トーマスが、共和党の大口献金者で不動産王のハーラン・クロウから二十年以上にわたり豪華な旅行などの接待を受けていた疑惑が浮上した。

トーマスは二〇一九年、妻のジニと一緒にクロウの大型プライベートジェット機でインドネシアに向かい、豪華ヨットで九日間かけて島巡りをした。総費用は五十万ドル（約六千六百万円）を超えていた可能性があった。このほか、ニュージーランドや、米カリフォルニア、テキサス、ジョージア各州にも旅行。毎年、夏には世界中から億万長者が集まる米国内のクロウの別荘リゾートで休暇を過ごしているという。クロウ以外の分を含め資産家らからの接待旅行の数は、計三十八回に上った。

その後、親族が通った寄宿学校の費用を支払ってもらっていたことも判明した。さらに妻のジニが熱心な保守活動家で、二〇年選挙に絡む選挙陰謀論に沿って、ホワイトハウス高官らに選挙不正論の貫徹を促していたことがワシントン・ポスト紙などの報道で発覚した。たかり体質に加えトーマスとその妻、親族までがまるで最高裁判事の絶対的な立場を利用して貴族階級のように振舞っていたことには、「前例のないおぞましさ。最高裁の法服を身にまとった偽善」（民主党議員）と評された。

クロウらは共和党支持者としても知られる。トーマスが判決で接待に関与した人々の主義主張に沿った判断を見せたとの情報は浮かんでいないが、最高裁判事という司法の頂点に立つ人間として、トーマスの行動は批判されてしかるべきだ。先述のギャラップ調査は、個々の最高裁判事についても意見を聞いており、その結果によれば、トーマス判事を「好ましい」と感じている回答者は三九％で、四二％は「好ましくない」と感じていた。

さらにトーマスの妻ジニは何かとお騒がせな人物だった。米労働省やシンクタンク勤務やトーマスとの結婚を経て保守政治活動家となったジニは、活動家やジャーナリスト、政治家が集まった組織「グラウンドスウェル」の一員として活動、ワシントン保守グループで重要な立場を築いた。

ニュースサイト、アクシオスによれば、グラウンドスウェルは、トランプ政権内で人事諮問機関的な影響力を得ていた。各省庁の幹部やホワイトハウスの重要ポストに至る人事の候補者や人物らの背景調査などをトランプに進言していた。

アクシオスによれば、トランプは米政府が反米国的な政策の実現を狙う「影の政府」に操られていると公言するだけでなく、自身もそう信じていた。そうした勢力のメンバーを「蛇」と呼んでいたトランプはグラウンドスウェルが提出する名簿を参考に、省庁の職員の中でトランプ政権への忠誠が低かったり批判的だったりした者を退職させ、忠誠度の高い者を重要な職に就かせていた。

以前から問題視されていた妻ジニの言動に加え、トーマスの癒着疑惑が浮上した。

日本であれば、ここまでの疑惑まみれの裁判官が責任を問われず留任することは考えにくいが、トーマスの身分は現在も最高裁判事のままだ。

事実上の終身制度がもたらす弊害が浮上したことを契機に「プログレッシブ（進歩派）」と呼ばれ

る民主党左派の議員連盟に所属する約百人が最高裁判事の定員を増やすよう要求、一部の中道派議員も同調した。バイデンの支持層である黒人の活動家シャープトン師ら著名人や、中絶の権利擁護を訴える団体も増員支持を表明した。しかし、過去の政権も変革を試みて挫折した最高裁の改革には、途方もない政治的エネルギーが求められるため、バイデンも二の足を踏んだ。

第十一章　世界に拡散する自国主義

嘲られたアメリカン・デモクラシー

後年〝米国がもはや民主主義の指導者ではないと気付かされる節目〟として振り返られるとしたら、この日がその始まりかもしれない。

二〇二一年三月一八日、バイデン政権で初めてとなる米国と中国の外相レベルの高官協議が、米西部アラスカ州の最大都市アンカレジで行われた。

米国側代表は国務長官アンソニー・ブリンケン。一九九三年に国務省に入り、クリントン政権下に国家安全保障会議（NSC）で大統領のスピーチライターなどを経験。二〇〇二年からは上院外交委員会のスタッフとして同委員長だったバイデンを支えた最側近の一人だ。中国側の代表は共産党政治局員・楊潔篪で、経験豊富な中国外交のトップだ。

バイデンはワシントンで一月に行われた就任演説で、中国とロシアを念頭に専制国家に対する「民主主義の勝利」を誓ったばかり。アンカレジ協議は、超大国の米中が米国の政権交代を機に、どう戦略的な関係構築に取り組むのかが問われた場で、歴史的な会談となる可能性があった。

長いテーブルを挟んで向かい合った双方の代表団は、緊張の中にも友好を醸し出す雰囲気の中、対話を始めた。

同行メディアに公開した協議の冒頭部分、ブリンケンは新疆ウイグル自治区や香港、台湾における中国の行動や米国に対するサイバー攻撃に対する「深い懸念」を表明、そうした中国のやり方は「法の支配に基づいた秩序を脅かしている」と述べた。

米国民と世界が注視する外交舞台で、安易な妥協はしない。中国はまず米国の価値観に歩み寄れと求めたことになる。しかし、中国側としては十分に想定内のことであった。

楊は厚いレンズの眼鏡の奥から鋭い視線でブリンケンを見据えた。

「われわれの価値も人類の価値と同じである。それらは平和と発展、公正と正義、自由と民主主義だ」

そう前置きして「米国には米国流の民主主義があり、中国には中国流の民主主義がある。米国が自国の民主主義をどのように発展させてきたか、米国の人々だけでなく、世界の人々の判断に委ねられているのだ」と持論を展開する。

手元のメモに目を落とすこともない楊の即興独演は、十五分以上に及んだ。「米国は自分たちの民主主義を押し付けるのをやめるべきだ。事実、国民の多くが米国の民主主義を信頼していないではないか。中国は、米国による根拠なき批判を受け入れない」

ブリンケンが黙って聞き入るのを確認した楊は「米国の人権問題は根深い。それはこの四年間に浮上したものではない」と、黒人など少数派に対する差別問題を持ち出した。

この瞬間、社交辞令も交えた友好演出のムードは消し飛んだと言っていい。

大国同士が相互対話の外交舞台であからさまに批判するのはあまり例がない。手厳しい批判は非公開の場で行われるのが習わしであり、楊がここまで踏み込んだ米国批判を最初から展開するのは米側にとって驚きであった。

楊の話が一息つくころには、ブリンケンの眉間に深い皺が寄っていた。彼は冒頭取材を終えて退室しようとする取材陣を自ら手招きで呼び戻す。外交分野だけならまだしも、内政や歴史にまで手を突っ込んだ中国の批判を許した印象を残したままでは終われないとの計算と意地がブリンケンにはあったはずだ。

「私たち（米国）は過ちを犯し、逆戻りし、一歩後退する。しかし私たちが歴史を通じて行ってきたのは、そうした課題に率直に、公に、透明性をもって立ち向かうことであり、無視しようとせず、存在しないふりをせず、覆い隠そうとしないことだ」

こう反論しつつブリンケンは「あなたの発言は日本や韓国など同盟国から聞いている評価とはずいぶん違うものだ」と中国の近隣諸国に対する振る舞いを批判した。しかし楊はひるまなかった。最初に中国批判を展開した米側を「外交的に礼節を欠いた」と指摘した上で、「中国の強権性を非難することは、正しい行為なのだろうか？　もちろんそうではない」と冷静に切り返す。

思わぬ〝乱闘戦〟となったこの会談で、ブリンケンが時折動揺を隠しきれず、そして終始険しい表情であったのと対照的に、楊は淡々としかし力強く米国批判を続けた。双方が自国内と国際社会に向け発信した外交的パフォーマンスではあったが、中国の方が一枚上手との印象を残した。

楊があえて民主主義を持ち出したのは、アンカレジ協議から約二カ月前、バイデン就任式のちょうど二週間前に発生した連邦議会議事堂襲撃事件があったからだ。これが、ブリンケンの足を引っ張った。

米国民の前向きな自己承認の根底には、新大陸で独自の民主主義を築き上げる実験に成功したという自負がある。民主主義を世界に広めたいとの欲求も強い。アンカレジでブリンケンが新疆ウイグル自治区や香港問題を指摘したように、諸外国にしばしば上から目線で意見を言う背景には、この独自のさらに往々にして独りよがりなナラティブ（物語）が横たわっている。

だが、アンカレジ協議では、習近平国家主席の独裁体制が敷かれる専制国家である中国から、「自分たちの民主主義の方がましだ」と嘲られた。楊の主張を鵜呑みになどできるはずもないが、中国にそれほどの隙を与えてしまうほど、米国の民主主義は傷み始めていた。いや既に満身創痍だったと言ってもよかろう。そしてトランプ復活によってその傷はさらに深まり、化膿する恐れが高い。

最低の数字

米国は欧州にとって未知の大陸であった場所で展開された偉大な一種の実験であり、他の国々が従うに足る立派な模範である。米国人の多くが自分たちの国についてこう考えている。

「米国が世界で最高の国家」という一見過剰な自負には、経済、軍事力の巨大さだけではなく、民主主義を基軸とした規範面で最良であるとの信念が隠されている。

しかし本書の冒頭でも紹介した通り、客観的評価は揺らぎつつある。英国の調査会社、エコノミスト・インテリジェンス・ユニットが発表した「世界の民主主義指数二〇二二年度版」によれば、米国の民主主義ランキングは、調査対象となった世界の百六十七カ国中、ポルトガル、イスラエルに次ぐ三十位だった。「選挙プロセスと多元性」「政府の機能性」「政治参加」「政治文化」「市民の自由度」五分野を指標化した分析で米国はやはり連邦議会議事堂襲撃事件やトランプによる選挙否定が響き、先進国の中でも低いランクとなった。

上位五カ国はトップのノルウェーに続いてニュージーランド、アイスランド、スウェーデン、フィンランドなど北欧諸国が上位を占めた。日本はオーストラリアに次ぐ一六位だった。

なお調査は百六十七カ国を「完全な民主主義」「不完全な民主主義」「混合型」「専制主義」の四つに分けている。三十位の米国は第二カテゴリーの「不完全な民主主義」であった。同社は二〇二二年の中間選挙が予想外に混乱なく終わったことを「民主主義の耐久性の高さ」として評価したが、「選挙否定派は当面消えない見通しで、二四年大統領選挙をにらんでトランプら政治家の主張も変わらないだろう」と分析。

もし何らかの混乱の中に終わっていれば、さらにランクは下がっていたはずだ。ちなみに二〇〇六年にこの基準で始まった調査で、米国のランクは下がり続けている。全調査対象中、下位は北朝鮮（一六五位）、ミャンマー（一六六位）、アフガニスタン（一六七位）であった。

そして今、米国の分断と陰謀論が世界に拡散している。

南米のトランプ

二〇二三年六月三十日、南米ブラジルでもう一人のトランプが、厳しい懲罰を受けようとしていた。

この日、ブラジルの高等選挙裁判所は、前大統領のジャイル・ボルソナロに対して被選挙権を八年間剥奪する決定を下した。二二年二月の大統領選で政治権力乱用などの選挙法違反があったと認定した。七人の判事のうち五人の多数決で選挙違反が認定された。

六十八歳のボルソナロは「(政治的に) 死んではいない」と現地メディアに述べ、上訴する方針を示したが、判断確定なら三〇年まで公職選挙に出られない。少なくとも二六年の大統領選には出馬できなくなるため、事実上復活への道を閉ざされることになる。

ボルソナロは大統領だった二二年七月、各国大使約七十人を公邸に招き、証拠を示すことなくブラジルの電子投票システムに欠陥があると説明、自身が再選を目指した選挙で不正が行われる可能性を示唆したとされる。

判事の一人である最高裁長官、アレシャンドレ・デモラエスは、ボルソナロの当時の説明は「虚偽」であり立場を利用した選挙運動だと指摘。大使への説明の様子を国営テレビなどで流したとして、メディアの不適切利用があったと認定した。

彼がブラジルのトランプと称されるのは理由がある。ボルソナロは二二年十月の大統領選で元大統領のルラ・ダシルバに敗北していた。しかし、結果に抗議し、敗北を認めなかった。また二三年一月にはボルソナロに共鳴して選挙での不正を訴える支持者数千人が、大統領府や議会などを襲撃する事件が起きた。ボルソナロはさらに襲撃事件での扇動容疑や、新型コロナウイルスのワクチン接種記録の偽造疑惑などでも捜査対象となっている。

一方でトランプとは違い、ボルソナロは長く政治の中心を歩いてきた。サンパウロ州出身で、リオデジャネイロ州の陸軍士官学校を卒業し、落下傘部隊に配属された。地元誌で軍人の給与引き上げを訴え、軍から処分を受けた異色の軍人であったが、これをきっかけに政治家に転身する。リオ市議を経て、一九九一年から七期連続で下院議員を務めた。

注目を集めたのが彼の発言で、「息子たちはきちんと教育されているので（黒人女性や同性愛者と交際する）リスクはない」「女は妊娠するので給料を低くするべきだ」「（口論相手の女性議員は）強姦《ごうかん》するにも値しない」など、常軌を逸した数々の差別発言に眉をひそめる人は多かった。

選挙戦では、伝統的な家族の価値を強調し人工妊娠中絶に反対する姿勢などから、プロテスタント系保守派の絶大な支持を得た。ミドルネームは救世主を意味する「メシアス」。自ら大統領職を「（神からの）ミッション」と呼んでいた。さらに治安対策で市民の武器所持解禁を訴え、銃を構えるようなポーズがトレードマークだった。

ボルソナロ派が引き起こした議会襲撃事件も、米国のそれと酷似していた。事件が起きたのは、米国の事件からちょうど二年後の二三年一月。首都ブラジリアで、二二年十月の大統領選結果に抗議するデモを続けていたボルソナロ支持者らが暴徒化し、連邦議会や大統領府、最高裁を襲撃したのだ。この選挙でボルソナロは元大統領のルラ・ダシルバに敗北していた。

支持者らは一月八日の午後、議会に続く道路のバリケードを突破した。そして同じ地区にある議会や大統領府を襲撃し、一時間も立たないうちに最高裁になだれ込んだ。彼らはソーシャルメディアなどでの呼びかけに応じて、約百台のバスで集まっていた。襲撃には約四千人が加わったとみられ、警察は約三百人を逮捕し、鎮圧には約四時間を要した。

ボルソナロは大統領選の一年以上前から電子投票システムに不正があると根拠なく訴えてきた。自身が敗北した場合には結果を認めないとの布石を打つ手法はトランプを模倣したのではないかと指摘されていた。

実際に選挙後には政権移行の許可を出す一方で、敗北を明確には認めなかった。二二年末に空軍機で米国へ渡ったが、その際も選挙で不正が行われたと主張し続けた。議会襲撃の裏で糸を引いた人物がいるかどうかなど襲撃の背景は明らかになっていない。ただ、ボルソナロ陣営はトランプの側近と情報交換し、選挙結果発表後の対応について助言を受けていた可能性が指摘された。

米紙ワシントン・ポストによると、大統領選以降、ボルソナロの息子の下院議員はトランプのフロリダ州の邸宅を訪れて面会していた。トランプ側近と連絡を取り、元首席戦略官スティーブ・バノンとは選挙結果への異議申し立ての効力に関しても協議していた。

そのバノンは「ルラは選挙結果を盗んだ。ブラジル人は理解している」などと、ソーシャルメディアでボルソナロ派をあおるような投稿を繰り返しただけではなかった。暴徒を「自由の戦士」と称賛していた。この点はワシントンで起きた連邦議会襲撃事件の容疑者らに対する擁護論と同じだった。

欧州でも制度疲労

民主主義が危機に瀕しているのは、ブラジルや米国に限らない、二〇〇〇年以降、本来は民主主義を維持してきた、もしくはできるはずの国々で、独裁的な指導者が登場する例が増えている。

特に人権重視を統合の礎とする欧州連合（ＥＵ）の獅子身中の虫となっているのが、ハンガリー首相のビクトル・オルバンだ。一九六三年生まれのオルバンは、かつて旧ソ連の影響を受けていたハンガリー政府に民主化を求めたリベラル派から右派へと転向した現実派だ。一九九八年には三十五歳で首相に就任し、話題を呼んだ。その後政権の座を去ったが、二〇一〇年には中道右派野党「フィデス・ハンガリー市民連盟」党首として、二度目の首相に返り咲いた。

二度目の政権では反移民やメディア規制、ＬＧＢＴＱ（性的少数者）への抑圧姿勢が目立つようになり、〇四年に加盟していたＥＵと対立するようになる。

二一年六月には、学校教育や広告で十八歳未満の目に触れる形で同性愛を扱うことを禁じる法律が成立、ＥＵの欧州委員長フォンデアライエンが「恥ずべき」と非難するなど両者の対立が深まっていった。

ドイツ首相のアンゲラ・メルケルが引退して以降、オルバンは欧州連合（ＥＵ）で最長の元首となった。オルバンのハンガリー非民主化は「フランケンシュタイン」とも呼ばれる。小説の中の架空の存在であるフランケンシュタインは、人体の様々な部分をつぎはぎする方法で造られた怪物だった。同じように、オルバン政権下のハンガリーは、一つ一つの部分を見れば正常だが、全体としては非民主的な異物となってしまうからだ。

再就任から約二年後の一二年、オルバンは裁判所判事の定年を七十歳から六十二歳に引き下げた。これによって政府に対して批判的な判事を一斉に引退させ、政権に親和的な判事を送り込むことに成功する。司法を政権寄りに作り替えるという環境整備を済ませた後に着手したのが、憲法の改正だった。

翌年三月には、ハンガリー議会が憲法改正に関する憲法裁判所の権限について、内容を審理させず、手続き面に限定するなどとした改憲案を可決した。

改正憲法は一一年末まで遡って憲法裁の判決を破棄。ホームレスに公共の場所で生活することを禁じる権限を当局に認めたほか、国の補助を受けて大学を卒業した学生に一定期間、国内で働くことも義務づけた。そこには憲法裁判所が過去に違憲と判断した内容が多く含まれていた。

オルバンがその後標的にしたのが、メディアだった。国営を含む主要なメディアの幹部を政権寄りにすると同時に、選挙公報を政府系メディアに限定する。選挙時には国営メディアで、オルバンを支持するプロパガンダが大量に流される半面、野党の党首に許された政策主張の機会は五分間に限定されるなど、あからさまな戦略も取られた。政府に批判的な記者も記事発表の場はブログなどに限定されるようになる。

性的少数者への差別問題では、学校教育や広告で十八歳未満の目に触れる形で同性愛を扱うことを禁じる法律が施行された。ＥＵ欧州委員会はハンガリーをＥＵ司法裁判所に提訴した。

ハンガリー側は子どもの権利保護が目的だと主張していたが、欧州委は声明で「個人、特にＬＧＢＴＱの人々の基本的人権や（基本的人権を尊重する）ＥＵの価値を侵害している」と指摘した。

当然風当たりも強く「ＥＵ内の腐ったリンゴ」とすら批判されているオルバンは、ウクライナ侵攻による対ロシア制裁の主要部分であるロシア石油の禁輸にも反対しながら、一人当たりのＥＵ補助金は域内で最高になっている。言わばただ乗りだが、「祖国こそが最優先」「ハンガリー・ファースト」を掲げ、ＥＵを牛耳るブリュッセル官僚を敵視するオルバンには十分に正当化された選択のようだ。

一八年の施政方針演説でオルバンは、このハンガリー第一主義と同時に、ハンガリーが目指すべき文化の在り方にも強い意志を表明している。それが、キリスト教の欧州を維持し、イスラム教徒の増加を抑制する排除主義だった。オルバンは「この地域でイスラム教徒は急速に多数派になろうとしている」と強調し、欧州は「その事実に気付いてもいない」と警鐘を鳴らした。

ここに、欧州や米国で台頭している自国第一主義と移民排斥の共通項が浮かんでいる。

スペインでは二三年七月に実施された総選挙で、中道右派の野党、国民党が第一党を射止めたが、単独での政権獲得は難しいため、女性や性的少数者の権利を公然と軽視し、気候変動にも否定的な反移民の極右政党ボックス（ＶＯＸ）と連立を組むかどうかが、大きな焦点となった。フランコ独裁体制（一九三九～七五年）後初めて極右が政権入りするシナリオが一時真実味を持つ中、結局ＶＯＸは大幅な議席数減という結果に終わった。

穏健左派の与党、社会労働党を率いる首相のサンチェスは総選挙の結果を受け、ポピュリズム（大衆迎合主義）的な政策を掲げるＶＯＸの台頭を抑え込んだとアピールしたものの、ＶＯＸへの支持は根強く、移民優遇政策を取ったサンチェス政権へ「移民ばかりを手厚く保護し、社会を支えている中間層を軽視した」といった批判の声も上がっていた。

イタリアでは欧州連合（ＥＵ）に批判的な右派政党「イタリアの同胞」の党首ジョルジャ・メローニが首相に就任、フランスではマリーヌ・ルペンの極右政党「国民連合」や、極右主張を唱えるフィンランドのフィン人党など、欧州では右派の台頭が目覚ましい。こうした勢力の多くは、大量の移民への反発や政府・エリート層への反発を利用したポピュリストだ。その主張は単純かつ明快で、移民を規制し、エリートから政治を取り戻せば〝君たちの生活は良くなる〟と訴える。

そこに綿密な政策提言はなく、分かりやすい宣伝があるだけだ。

二〇一六年に英国が国民投票でＥＵ離脱を決める原動力の一つとなった対ＥＵ分担金について、「過分な負担だ」として激しい非難を展開した離脱派の英独立党党首ナイジェル・ファラージは、離脱が決まった直後、あっさり計算違いを認めた。それでも、欧州で移民系住民らによるテロが相次ぐと、ファラージは「大量の難民・移民受け入れは失敗だった。欧州はそれを認めなければならない」と、反移民の旗を高く掲げて移民排斥運動を継続し一定の支持を維持した。

ＣＩＡを含むインテリジェント・コミュニティの情報を元に米大統領に対して情報提供する諮問機関、国家情報会議が現在の世界と将来について、興味深い分析を提供している。

同会議が今後約二十年間の世界情勢予測をまとめた報告書「グローバル・トレンド二〇四〇」によれば、世界は過去数十年にわたって着実に経済発展を続け、地球上のあらゆる地域で人々の生活を向上させてきた。それによって人々はより良い将来を強く期待するようになった。このことが、分断と争いを生んでいると報告書は指摘する。

期待は高まったが、経済発展は時に立ち止まることもあり、各国の政府は必ずしも人々の要求や期待に応えることはできない。一方でインターネットやソーシャルネットワーキングの発達により、人々は同じ考えのグループに吸い寄せられ、時間と共に不満は濃度を増していく。人々は経済、政治的により力を蓄え、より多くを求めるが、政府の財政、政治リソースは限られているのだ。

「双方の拡大するギャップは、政治的不安定の増大や民主主義の侵食の前兆だ」。「報告書は民主主義の将来」に対してこんな表現で暗い警鐘を鳴らした。

右派であろうが左派であろうが、ポピュリズムがコンセンサス（欧州の場合には難民や非キリスト教徒を含めた人権重視）を性急に変えようとする際、民主的ルールをないがしろにする恐れがつきまとう。米国でトランプが具現化した非民主的ポピュリズムが世界各地で同時期に力をつけているのは必然かもしれない。それが「グローバル・トレンド２０４０」が指摘したように経済的な豊さと技術発展がもたらした諸刃の剣であるのなら、人類全体が重い課題を背負わされていると言えるだろう。

第十二章　米国の別の顔

揺るがぬトランプ支持

なぜこれほどまでに根強い支持をトランプは維持できるのか。

齢を重ねたとはいえ、いつもエネルギッシュで、二時間以上の演説にも疲れをみせず聴衆を飽きさせない話術。堂々とした体躯からは、不動産業で大成功しテレビ界でも寵児となった自信がにじみ出ている。米国人が憧れる成功者のアイコン（肖像）を鑑賞している気分にさせてくれる。

トランプ支持者が集まった反コロナウイルス規制デモ

政治メッセージでも多くの分析がなされてきた。誰もが耳にするのは、トランプが米国の発展から取り残された人々の声を代弁しているためだという分析だ。また一九五〇年代以降の行き過ぎたリベラリズムに不満を抱く保守層の怒りがトランプを大統領に押し上げたと説く専門家もいる。

揺るがぬトランプ支持という不可思議なジグソーパズルの大部分は、これらで説明できるだろう。だがもう一つのピースを当てはめないと、絵は完成しないのではないか。とても小さなそのピースが白人至上主義だ。

二〇二一年七月十日、ワシントンに隣接するバージニア州の南部シャーロッツビル中心部では、歴史的な人物の銅像がクレーンで釣り上げられていた。

銅像は南北戦争時の南軍司令官ロバート・リー将軍だ。撤去に対する賛成派と反対派がにらみ合う。台座から離された銅像が大型トレーラーの荷台に置かれると、周囲から怒声と歓声が同時に上がった。

ここに至る約四年間、リー像は歴史を巡る対立の象徴であった。リーが奴隷制の維持を求めた南軍を率いたことから、人種差別問題に取り組む人権団体などは、根深い差別を容認することにつながるとして、像の撤去を求めてきた。一方、南部文化に深い愛着を抱く右派の諸団体は、「歴史の抹殺だ」として反対した。

騒動と事件が起きたのは、一七年八月十一と十二の両日。極右組織などが抗議デモをシャーロッツビル市内で実施した。デモにはクー・クラックス・クラン（ＫＫＫ）メンバーら白人至上主義者らが数多く参加、ＫＫＫ活動の象徴である燃えるたいまつを抱え、「(ユダヤ人に)お前たちにわれわれの座を渡さない（You Will Not Replace Us)」などと叫びながら市内を練り歩いた。ナチス・ドイツがドイツ民族の血統優位性維持のために用いた「血と土」をとなえる参加者もいた。

十一日夜から銅像撤去推進派などとの小競り合いが起き、十二日には撤去推進派の群衆に車が猛スピードで突っ込む事件が起きた。三十二歳の女性が死亡、三十人以上が負傷する惨事となった。殺人容疑で逮捕されたのは、ナチス・ドイツのヒトラーを崇拝していたとされる白人の男だった。

トランプは事件後、大統領として至上主義者のデモについて「非常に平和的だった」とコメントした上で、衝突については「双方に悪い人間がいた」として、殺人を犯した側と被害者側の両方に責任があったとの見方を示した。白人至上主義者らを擁護したとして非難されたが、トランプはコメントを修正することはなかった。岩盤支持層に至上主義者が少なくないことを意識しての発言だった。

シャーロッツビルで白人のデモ隊が叫んだスローガン「You Will Not Replace Us」を直訳すれば「お前たちが、われわれにとって代わることはない」となる。彼らが言いたいのは、米国を築いてきた白人の優位を他の人種が奪うことは許さない―という強烈な差別メッセージだ。

黒人差別が激しかった時代にＫＫＫメンバーがかぶった頭巾

これが米国だけでなく各地で注目されている「Great Replacement（大交代）」と呼ばれる陰謀論の一つで「人種置き換え論」と呼ばれることが多い。ユダヤ人や有色人種が陰謀を巡らせ、白人を追い込んでいると主張する。具体的なやり玉にあがるのが、非白人の移民や非キリスト教徒の移民で、彼らの陰謀を政治的に可能にしているのが、左派勢力だと信じている。白人の出生率が低下する中で、途上国出身の移民らは一般的に高い出生率を維持しており、米国内で白人の人口率が年々低下、〝自分たちは追い込まれた少数派に転落しつつある〟という危機感が、彼らを極端な思考に駆り立てている。

人種置換論はフランスの作家ルノー・カミュが二〇一〇年に提唱した。元は同性愛などをテーマとした左派系の作家だったが、一九九〇年代にフランスの地方が非欧州出身者で占められていることに触発され、置き換え論の発想を得た。

著書「グラン・ランプレスモン」（英語はグレート・リプレイスメント）でこの理論が広まると、米国の新右翼（オルト・ライト）などが飛びつき、拡散していった。カミュ自身は白人至上主義との関係を否定しており、著書は移民増加による欧州文化の変容に警鐘を鳴らすのが主目的だったとしている。

カミュの本心には関わりなく、人種置き換え論は、シャーロッツビル事件以外にも惨劇を生む要因になったと考えられている。

二二年五月、ニューヨーク州北部バファローのスーパーに武装した十八歳の男が侵入し、銃撃で十人が死亡、三人が負傷した。地元警察は十八歳のペイトン・ジェンドロンを逮捕したが、ジェンドロンは犯行前、百八十ページにも及ぶ犯行声明をインターネット上で公開していた。置き換え論に影響された形跡があった。

テロ問題に取り組む非政府組織「過激思想対策プロジェクト」などによれば、このほか一九年三月、ニュージーランドのクライストチャーチで二つのモスク（イスラム教礼拝所）を襲撃し、五十一人を殺害したブレントン・タラントは、マニフェストのタイトルを人種置き換え論になぞらえていた。タラントは移民を「侵略者」と呼び、白人社会が乗っ取られるなどと主張していた。同じ一九年の八月にテキサス州エルパソのウォルマートで二十一人を殺害したパトリック・クルシウスも、人種置換論を信奉していた。

なぜそれがトランプ支持と結びつくのか。手がかりは白人の危機感だ。

米国での白人の割合は低下傾向が続いている。国勢調査局の統計では、一九年時点の十六歳未満の人口構成で、ヒスパニック（中南米系）や黒人、アジア系など人種的少数派だった人の総数が初めて白人を上回った。

十年間にアジア系の人口は約三〇％、ヒスパニックは約二〇％、黒人は約一二％増加したが、白人は四・三％増にとどまった。人口統計で白人は六〇％以上を占めているが、約二十五年以内に少数派になる見通しとなった。白人人口は高齢化も進み、出生数が死亡数を下回っている。

保守的な白人の歴史観としては、米大陸に移民し厳しい環境の下で開拓に汗を流したのは白人だ。それゆえに、いつまでも白人が多数派であり豊かである必要がある。現実とのギャップが彼らをより過激な方向へ押しやっている。

白人至上主義者を擁護するからといってトランプ自身がそうだと考えるのは早計だ。

トランプの長女イヴァンカの結婚相手である弁護士のジャレッド・クシュナーはユダヤ系であり、

トランプ政権はクシュナーの働きかけを受け、イスラエルの対アラブ和平の枠組み作りにも積極的だった。一方で白人層の懸念と恐怖感を巧みにくみ取り、自らの政治エネルギーに転換してきたのも事実だ。

もし、彼に差別主義者か否かを問いかけても答えはノーであろうし、彼自身にはそんなことはどうでも良いことだろう。自分を批判する身障者のジャーナリストを、手の不自由な素振りで馬鹿にしてみせたり、既述の通り白人至上主義者にシンパシーを示してみたりなど、その時々で支持者にたまるうっぷんを本音で発散してあげて、利用してきた。

トランプはニューヨークの実業家時代には、民主党への多額献金で知られ、一九九〇年代には雑誌取材に「もし政界に出るなら、民主党だ」と話した。今の共和党保守強硬派との蜜月を思えば隔世の感を禁じ得ないが、これも彼にとってはどうでもいいはずだ。極論で言えば権力掌握に必要ならイスラム教の教祖ムハンマドの称賛もいとわないだろう。変化自在がトランプの処世術であり、政治力の源だ。

運命の出会い

不満を吸い上げ、政治的な力に変換することに巧みなトランプを助けた取り巻きの中にあって、カギを握る人物だった一人が大統領補佐官（政策担当）スティーブン・ミラーだ。ミラーは第二次トランプ政権でも大統領次席補佐官に就くほどの信頼を得ている。

トランプとミラーの接点は、トランプによる一五年の大統領選挙出馬宣言までさかのぼる。トランプは政策の核となるメキシコ国境からの移民対策を打ち上げて、こう語った。

「メキシコは問題のある人々を米国に送っている。彼らは麻薬を持ち込み、犯罪をもたらす。そして強姦魔だ。まあ多分、何人かはいい奴もいるが」

トランプはさらに続けた。「私は南の国境に大きな壁を建設する。その費用はメキシコに支払わせる」

この演説を聞いたミラーは後に振り返った。「魂に電気が走るのを感じた。私の心の奥底で感じていたことすべてが今、世界が注目する前で、国の最高権力者を目指す候補者によって表現されているのだ」

ミラーは、この後トランプの選挙キャンペーン陣営に飛び込み公約立案などに深く関わる。三十歳そこそこの若さで政権の重職に起用された後は、同じ側近スティーブ・バノンと共に、イスラム圏からの入国規制など強硬策の立案を主導した。トランプの信任が厚く、不法移民対策の統括も任されたミラーは、必要とあれば国土安全保障省幹部らを次々と解任するほどの剛腕ぶりを発揮した。

必ずしも移民規制イコール人種差別ではない。米国に限らず欧州でも、規制強化派の多くが反対しているのは、あくまで不法移民だ。それでも有色人種が圧倒多数となるメキシコ国境からの移民を「強姦魔」と呼んで悪びれないのがトランプ流だ。

ミラーは、もう一つトランプの重要なメッセージを構築した。それが、米国の発展からこぼれ落ちた人々の「救済」だった。

二〇一六年十一月九日、大統領選挙で初当選を決めたトランプは、米国の忘れられたという恨みを蓄積させている人々に向けて勝利演説した。

「あなた方はもう忘れられることはない」

社会、経済インフラの再興地区や経済成長、外交の立て直しなどによって、国に発展から取り残された国民に対する救済の約束だった。こうした国民の不満をエネルギーに、多くの予想を裏切って大統領の椅子を手に入れたからだ。

経済協力開発機構（ＯＥＣＤ）が所得格差の大きさを示すジニ係数について発表した二一年の調査で、米国は対象約四十カ国のうち南アフリカやコスタリカなどに次いで八番目となった。ちなみに日本は一三位だった。

公的医療保険の不備が指摘される米国の社会・経済構造は、経済環境の変化にも弱い。連邦準備制度理事会（ＦＲＢ）は二〇年当初から悪化した新型コロナウイルス感染による不況で、年収四万ドルを下回る世帯の約四割が職を失ったと分析した。

統計数字を見るまでもなく、米国の貧富の差は、各地を歩くと肌身で感じることができる。富と楽しみを隙間なく敷き詰めた都市ニューヨークや、政治と権力が集中する首都ワシントンなど米国北東部の主要なエリアから車で二、三時間ほど内陸部に移動するだけで、別の世界が広がる。

それがアパラチア地域だ。繁栄からの取りこぼしが生んだ傷跡だ。

アパラチアはニューヨーク州やペンシルベニア州、ウエストバージニア州など十三州にまたがる地域だ。全体として長年にわたり経済的な困難に直面、貧困率や失業率は、全国平均を大きく上回っている。かつてこの地域で大きな雇用をもたらした石炭採掘や製鉄などの産業は長く衰退の道をたどっている。

筆者は二二年春、テネシーからバージニア南部を抜け、首都ワシントンに向けてこの地域を取材した。深い緑に覆われた山々や森林の美しさの半面、鈍色の街に入ると厳しい貧困と過疎の現実に圧倒される。かつては石炭などの産業で栄え、人々を引き付けた教育施設や娯楽施設、商店や飲食店は大半が閉ざされており、天気の良い週末の日中ですら歩く人の姿はまばらだ。

時折見かける住民も高齢者ばかりで、若者の姿は少ない。こうした町には、かつての豊かさを象徴する瀟洒な造りの豪邸が残るのがお決まりだが、それすらも廃屋に囲まれて、数少ない若者らによるとみられる落書きだけが、人の生活を感じさせる。ガソリンスタンドやカフェで地元の人に話を聞くと、落ち着いた暮らしや小さなコミュニティへの愛着を語りながらも「もう老人だけが残された」「若者もドラッグだけが楽しみだよ」と愚痴を聞かされる。

人々は「ハードワーク」を誇りとしている。それでも昔のような豊さは手に入れることができない。二十一世紀に入って遠ざかったアメリカン・ドリームの残滓は、〝自分たちは国家に忘れ去られている〟という気持ちに押しつぶされかけている。

そこへ米国を再び君たちにとって素晴らしい国にするとの夢をひっさげてトランプがやって来る。

一緒に訪れるのはトランプ派の熱狂と巡回サーカスがもたらす娯楽のようなトランプ節。虐げられた人々は忘れていた喜びに浸る。トランプが成し遂げた政治のエンタメ化の効果は抜群だ。

最終章

民主主義の仮死状態

あの日、米国の民主主義は仮死状態に陥った。

二〇二一年一月六日、「大統領選挙で大規模不正があった」といった妄想と暴力衝動に駆られて全米から集まった数千人のデモ隊が、暗い色の虫の群れとなって、首都ワシントンにある巨大な白亜の連邦議会議事堂を襲い覆い尽くした。約二カ月前に行われた大統領選挙で敗北した共和党のドナルド・トランプに代わって民主党のジョー・バイデンが次期大統領として認定される手続きを阻止するためだった。

暴徒らは議事堂の東西南北に面する入口の扉や窓を破壊、うち少なくとも二千人が議事堂内になだれ込んだ。「選挙は盗まれた」「トランプこそが大統領だ」などと書かれたプラカードを掲げた彼らは、トランプが蛇蝎のごとく嫌っていた下院議長で民主党の重鎮、ナンシー・ペロシの議会事務局を見つけるとその室内を荒し、ペロシの執務机に足を乗せ記念写真する者もいた。

次期大統領認定のために集まった副大統領マイク・ペンスや多くの上下院議員らが地下へ避難し、大統領選挙の手続きは中断する。議事堂へのデモ行進を扇動した当のトランプは、この混乱をテレビで鑑賞し、ほくそ笑んでいた。

ついに午後六時の外出禁止令が敷かれた。日没後のワシントンの通りは、人影もまばらとなった。略奪を恐れ、ベニヤ板を貼り付けた商店が並ぶ中心部に警察車両のサイレンが無数に響く中、中心部にあるホテルのロビーで言葉を交わした中年女性は「デモに参加した夫が戻らない。何が起こっているの」と、顔面蒼白で携帯電話を握りしめていた。

彼女だけではない。

多くの米国民があの日以来「何が起こっているのか」という苦い疑問と共に生きている。民主主義の頭脳である議事堂建物が、雲霞の群れのごとく集まった暴徒に食い破られたのだから無理もない。

幸いなことにその日のうちに暴動は収束し、認定手続きは完了した。バイデンは一月二十日、無事大統領に就任、トランプはフロリダの豪邸に引き揚げるとゴルフ三昧の日々に入った。

あれから四年、異形の大統領、ドナルド・トランプが帰ってきた。米国第一主義を掲げディール（取引）を優先する内政と外交は、米国と世界を振り回すだろう。目的は、権力を握り続け、退任後も刑務所に行くことを回避、家族と取り巻きを豊かにすることだ。

トランプを「ファシスト」と指摘する専門家は多いが、筆者は米国がナチスドイツ型のファシスト国家に転落するとは考えていない。米国には各地の司法制度を含め、まだまだ民主国家の安全装置も多いからだ。

むしろ四年後の米国の姿を想像する時、現実的に浮かぶのは米国の株式会社化だ。

トランプと取り巻きは、何ものにも縛られることなく、米国の利益を究極まで追求する。同業他社（国内の反対勢力やライバル国家）が倒産するのは、自社にとっては有利なビジネス環境で、法と秩序に基づく民主主義の原理原則など、一片の価値も見いださないだろう。

ワシントンのトランプ支持者集会

大統領選から一カ月もたたないうちにトランプは、怒濤の勢いで次期政権の閣僚や高官を指名した。縁故主義や自身への忠誠心を基準とした人事には、さもありなんという印象だが、トランプ2・0の本質を体現していたのが、実業家イーロン・マスクの起用だ。マスクは、世界有数の富豪であり、宇宙企業スペースXの最高経営責任者（CEO）、二〇二二年にはツイッター（現X）を買収した。

トランプはマスクを連邦政府の抜本的改革を進めるため設置を決めた政府外の新組織「政府効率化省」トップに据えた。さらに新組織について、第二次大戦中の米国の原爆開発計画になぞらえ、現代版「マンハッタン計画」になる可能性があると主張、国家的プロジェクトとしての目玉感を演出した。

そのマスクが米紙投稿で示した運営方針によれば、効率化省は各種の規制撤廃を軸に行政の縮小、コスト削減で年五千億ドル（約七六兆円）以上の歳出カットを目指す。規制が撤廃されれば官僚も大量に不要となるため、民間への転職を支援すると強調した。国防や社会保障の予算も例外扱いとしない方針だった。

政権交代に伴って各省庁の幹部が交代するのは、首都ワシントンの風物詩だが、今回は違った。大量の首切りが断行されるのは確実で、中堅幹部から次の生活を求めて右往左往する姿が現地から報告されている。何せマスクには実績がある。彼はツイッター買収後、社員を五分の一に削減した。急激なリストラにはサービスの安定性を損なう危険があるが、マスクは削減対象を「フェイクジョブ（偽の仕事）」と意に介さない。

ここまで並べれば分かってくる。トランプやマスクにとって米国の住民は奉仕の対象ではなく「社員」なのだ。有能で利益を生むのであれば、給料を上げ、大事にする。使えない奴はクビにすれば済む。能力がなくても、障害や病気を抱えても、果ては犯罪者でも社会と国家が責任を持つという発想は希薄だ。

また、欧州におけるトランプ外交による波乱は予想されてきた。だが就任を約二週間後に控え、武力をちらつかせ「グリーンランドがほしい」と言い出したのには驚いた。

北極に近い世界最大の島、グリーンランドはれっきとしたデンマーク自治領だ。その領土をトランプは「売れ」と要求。デンマークが拒否すれば、高関税導入に加え、軍による圧力を「排除しない」と明言した。その目は真剣だった。

虚実取り混ぜ相手を混乱させて妥協を迫るのは彼の常套手段だ。本当は島の豊富な地下資源開発権や、地球温暖化で海路が開かれた北極海の支配、または島にある米軍基地の費用負担が目的かもしれない。

敵対するロシアに近い要衝のグリーンランドに米国が食指を動かしたのは初めてではない。冷戦期には、一億ドル（約百五十億円）相当の金塊と交換する秘密提案をデンマークに行った。第一次トランプ政権も買収に意欲を示したが、「ばかげた提案」と一蹴された。

グリーンランドでは自治政府議会選が予定され、独立が主要争点だ。豊かな米国の一部になれという誘いは、独立派を有利にするという打算が成り立つからだろう。

事実上の選挙介入に加え、トランプは買収目的について「米国の安全保障に必要だからだ」と言い放った。自国利益のため、北大西洋条約機構（ＮＡＴＯ）同盟国にも容赦なく主権放棄を迫った。軍事力で領土を脅し取る歴史の亡霊、帝国主義がよみがえろうとしているのだ。

デンマークが加盟する欧州連合（ＥＵ）主要国のフランスは「ＥＵ（加盟国）領土への攻撃を容認しない」と警戒を露わに。ドイツも「国境不可侵の原則は平和秩序の基礎だ」と、ウクライナに侵攻したロシアと米国を重ねて痛烈に批判した。

「パナマ運河を返せ」「カナダを米国五十一番目の州に」――一連のトランプ発言で浮かぶのは、自国利益のために、必要なら他国に介入する極めて利己的で厄介な孤立主義を歩む米国の姿だ。

新たな「トランプ革命」は、任期が終わる二〇二九年には米国を根底から変えてしまっているかもしれない。フランス革命を引き合いにするまでもなく、革命期には多くの血が流れる。本書で指摘した通り、最初に彼がギロチン台に送るのは正義と公平、真実、そして民主主義だ。

あとがき

「米国人はなぜトランプのような人物を大統領に選ぶのか」

彼が初当選した二〇一六年十一月以降、何度この質問をぶつけられたことだろう。しごくまっとうで、そして難しい質問だ。

とても一口で言い表すことはできない。ただ不完全な政治制度に、暴力肯定の潮流と分断が乗っかった危うい均衡状態を、天才的なデマゴーグが利用しきった結末が今の米国であるのは間違いない。

本書はトランプに関わる「なぜ」を求め現場を右往左往した一人の記者の報告だ。多少の答えは見つかったと自負している。

筆者自身は二〇一六年にトランプが初当選した際、落胆はしたが、あまり驚かなかった。二〇〇三年からのロサンゼルス支局時代、米国には少なからずトランプ的なモノがあることを断片的ではあるが、肌感覚で知っていたからだ。

寂れきった重厚長大産業の街、強がりの裏で外敵におびえ武装する市民、アジア人に態度を変えるウェイトレス、黒人の居住区には入ったこともない人々……

陽気で善良な人々に混じって、何かしら暗い部分をしばしば見せつけられた。それは月の裏側のようなもので、ニューヨークやロサンゼルスの文化や社会、スポーツの情報やニュースを見る日本からは見えない。

コロナ禍からの復興で起きた激しいインフレとバイデン政権の経済政策の失敗が重なったとはいえ、米国はトランプを選び、少なくとも四年間は彼の政権下を生きる。自己利益だけではなく、普遍的な理想を目指す米国の良い部分が生き残ってほしいと心から願う。

わずかな希望が見えたのは敗者の言葉だった。大統領選で大敗したカマラ・ハリスは、投開票でトランプの勝利が報じられた翌日、ワシントン中心部に近い自身の母校であるハワード大で、敗北を受け入れる演説を行った。

「ハリスはIQが低い」などと個人の尊厳を踏みにじる言動が目立つトランプへの懸念を意識し「自由や人々の尊厳を守るための闘いを、私はやめない」と強調したハリス。若い世代に、世界をより良くするための努力を続けることが重要だと訴えた。

場所は十九世紀に黒人奴隷解放運動の先駆者となったフレデリック・ダグラスの名を冠した記念講堂前。黒人の父を持つハリスの思いがにじむ設定であった。ハワード大は歴史的に黒人学生が多い大学だ。会場には数千人の支持者らが集まった。人種構成は白人も多く、ハリスの支持層の広さをうかがわせた。

拍手の中、民主党と共和党のシンボルカラーである青と赤の中間である紫色のスーツを着て、融和のメッセージを国民に送ったハリスは、「選挙に負けた時は結果を受け入れるのが民主主義の原則だ」と述べ、米国がその原則をないがしろにすれば圧政の国と変わらないと指摘した。

「闘いには時間がかかることもある」「世界をより良い場所にする努力を絶対に諦めてはいけない」

「手を上げて降参するのではなく、（仕事に向けて）腕まくりをする時だ」と語りかけ、引き続き自由と正義のために力を結集するよう促した。

印象的だったのは、ハリスが「暗闇の中でしか星は見られない」と、公民権運動指導者キング牧師の言葉を引用したときだ。支持者からはため息のような感嘆の声が漏れた。涙をこらえきれない女性の姿もあった。

ハリスは「多くの人が暗い時代を迎えようとしていると感じていると思うが、信念や真実という無数の星で空を輝かせよう」と演説を締めくくった。

「暗い時代」はこれから数年間、民主党が耐え抜く時間だ。政治的な「報復」を掲げて再選されたトランプ時代２・０を思えば、ぴったりの表現だった。聴衆の一人、黒人の中年男性は「ハリスは正しい。これから米国は苦難の時代を迎えるかもしれない」と語った。

「暗闇の中でしか星は見られない」それは敗者だからこそ発することができる強さであった。キング牧師は、黒人の公民権実現の夢半ば、一九六八年四月四日、暗殺された。公民権運動は暗殺で迷走、停滞した。ハリスがこの言葉を使ったのは、トランプの政権下では苦難に直面する民主主義への戦いも一時は傷を負っても復活できると伝えたかったのだ。

約十分の演説を聴き終えた支持者らは、会場を後にした。ハワード大周辺は決して裕福ではない黒人層が多く、ホームレスの姿も目立つ。キング牧師暗殺時は、怒った住民が暴動を起こすという負の歴史が残るエリアだ。

星条旗の小旗を持った支持者らの表情は固いが、どこか吹っ切れた様子の人々も目についた。地下鉄の車内では、乗客同士で語り合う光景も。中年の黒人女性が別の乗客から演説の感想を聞かれ「気品にあふれていた」と答えると、その乗客は嬉しそうにうなずいた。大きな敗北に直面しながらも、理想を持ち続ける米国の民主主義の毛細血管が透けて見えた気がした。そこには健康な民意の血液が依然流れている。

最後に指摘しておきたいのは、トランプ現象の別の意味だ。熱狂的なトランプ支持者の多くは、日本であれば政治に失望し無関心に陥るであろうタイプの一般労働者だ。彼らが選挙や政治の力を心から信じていのも、米国の強さと言えるだろう。

混乱を伴うトランプ革命の中であるがゆえに、双方が改めて米国人とは何かを問い直し、和解の道を見いだすことを期待したい。米国の失態と失速にほくそ笑む他国の指導者たちが、世界を今よりよき場所にするとは考えられない。

共同通信の先輩であり南東舎発行人、石山永一郎氏に深甚なる感謝を表したい。石山氏のアドバイスと支援、そして何より取材に応じてくれた米国の方々の協力なしに本書が世に出ることはなかった。

【わ行】

【A】

【B】

【C】

【E】

【ま行】

【や行】

【ら行】

【た行】

【さ行】

【か行】

索引

（人名、組織名など。地名は全米地図参照、ドナルド・トランプ、ジョー・バイデンについては多出のため省略）

【あ行】

た、1773年の「ボストン茶会事件」などにちなんでいる。巨額の歳出を伴うオバマ政権の景気対策や医療保険改革を批判、自分たちの主張に沿った共和党候補を応援するなどし、民主党候補の追い落としを図った。特定の指導者はおらず、明確な組織構造もないのが特徴で、参加者のほとんどは白人。第二次トランプ政権の国務長官、マルコ・ルビオは、ティーパーティーの支持を集めて政界入りした。

ブーガルー（Boogaloo）

内戦や革命も究極の目標とみられるが、インターネットを通じひそかに連帯するため実態が把握しにくい。1980年代のダンス映画に語源を持つ「ブーガルー」が、2010年代前半に白人至上主義らのネット上の隠語を経由して名付けられたとみられる。個人が銃を持つ権利を重視、政府による干渉を否定する共通点がある。公の場で活動する際は、戦闘用迷彩服とアロハシャツを着用するスタイルで知られる。

クー・クラックス・クラン（Ku Klux Klan ＝ KKK）

白人至上主義を掲げる秘密結社。南北戦争終結後の一八六五年に結成され、断続的に存続。最盛期は推計400万〜600万人のメンバーを擁した。系列組織も多く、現在も潜在的メンバーや組織が米国各地に存在する。黒人差別にユダヤ人差別、極端なキリスト教保守派の思想を取り入れながら、しばしば暴力事件を起こしてきた。

本書に登場する主な右派組織

Qアノン（Qanon）

2017年インターネットの英語匿名掲示板に「Q」を名乗る謎の人物が、児童売春や悪魔崇拝に手を染める勢力が世界を牛耳っているとの陰謀論を投稿、現実の世界で影響を持つようになり、賛同者が広がった。トランプは米国を操る黒幕ネットワーク「ディープステート（闇の政府）」と闘う救世主だとの主張を展開。様々な陰謀論を共通項とする特定の形を持たない集団であり、信奉者数などは不明。米連邦議会襲撃の実行犯らに影響を与えた。日本支部を自称する団体もある。

プラウド・ボーイズ（Proud Boys）

女性蔑視と暴力礼賛が特徴の右派組織。2016年、新興メディア「バイス・メディア」の共同創設者でカナダ人のガヴィン・マキネスが、ニューヨークで立ち上げたが、マキネスはこの組織を離れ、現在のメンバーは1,000～3,000人ほどと推定される。その後リーダーとなったエンリケ・タリオは、ワシントンの連邦地裁で禁錮22年の有罪判決を受けた。

メンバーは自分たちを「トランプの軍隊」とみなし、トランプが敗北した2020年の大統領選結果に抗議する各地の集会に武装して参加、バイデンの大統領就任を阻止するため「全面戦争」の準備をしていた。

オースキーパーズ（Oath Keeper）

極端な愛国主義を掲げる米国最大とみられる民兵組織。2009年、米エール大学ロースクール卒の元米陸軍空挺部隊員、スチュワート・ローズによって設立された。元兵士や元警察官らが入隊などの際に行う憲法への忠誠宣誓（Oath）が名前の由来で、これらの職業出身者が多い。メンバーは5,000人から数万人と推定される。メンバーのスチュワート・ローズは2021年の連邦議会襲撃事件に関与し、扇動共謀罪で禁錮18年の判決を言い渡された。

ティーパーティ（Tea Party）

「小さな政府」を旗頭に2010年ごろ、当時の大統領バラク・オバマへの反対を強めた草の根の保守派の運動。名称は英国に反旗を翻して独立へ道を開い

参考文献

「アメリカ政治」第三版　久保文明／砂田一郎／松岡泰／森脇俊雅著、有斐閣アルマ
「民主主義の死に方」　スティーブン・レビツキー／ダニエル・ジブラット著、池上彰／濱野大道訳、新潮社
「ティーパーティ運動の研究」　久保文明著、ＮＴＴ出版
「アメリカにおけるデモクラシーについて」　トクヴィル著、岩永健吉郎著
「Senator Jor McCarthy」　Richard H. Rovere 著　Harper & Row, Publishers
「AMERICAN THEOCRACY」　KEVIN PHILLIPS 著　Penguin Books

半沢隆実（はんざわ・たかみ）

共同通信特別編集委員兼論説委員。1988年共同通信社入社。社会部、外信部勤務、カイロ支局特派員、ロサンゼルス支局長、ロンドン支局長、20年～22年ワシントン支局長。22年5月から現職。1962年、福島県会津若松市生まれ。主な著書に「銃に恋して 武装するアメリカ市民」（集英社新書）「ノーベル賞の舞台裏」（ちくま新書＝共著）など。

ネオ・トランプ革命の衝撃

―アメリカン・デモクラシーの終焉

2025年３月10日第１刷発行　定価2,000円＋税

著者　半沢隆実

発行所　株式会社南東舎
〒162-0801 東京都新宿区山吹町361 江戸川橋杉原ビル302
Tel 03-6801-5561

発売　有限会社柘植書房新社
〒113-0001 東京都文京区白山1-2-10 秋田ハウス102
Tel 03-3818-9270 Fax 03-3818-9274

装丁　The Fourth Cat Studio

カバー表写真　ロイター＝共同

印刷・製本　中央精版印刷株式会社

ISBN978-4-8068-0781-0

※乱丁・落丁本はお取り換え致します。

高校野球へようこそ

都立高校野球部指導40年の記憶と実践

宮本秀樹著／定価1900円＋税　　ISBN978-4-8068-0775-9 C0075

著者：1957 年東京都生まれ。東京学芸大附一早大。卒業後に野津田で監督を務めた後、東大和で故・佐藤道輔氏の下、指導の礎を築く。府中工を経て2009年秋に片倉監督に就任。2012年夏ベスト4進出。2018年に高野連から育成功労賞。2020年『〝甲子園の心を求めて〟と私』を上梓。社会科教諭。